中国劳动保障报社◎组织编写
朱国丰◎文

人力资源
合规管理
100 问

中国劳动社会保障出版社

图书在版编目（CIP）数据

人力资源合规管理 100 问 / 中国劳动保障报社组织编写 . -- 北京：中国劳动社会保障出版社，2024.

ISBN 978-7-5167-6694-1

Ⅰ. D922.505

中国国家版本馆 CIP 数据核字第 20244QT488 号

中国劳动社会保障出版社出版发行

（北京市惠新东街 1 号　邮政编码：100029）

*

河北虎彩印刷有限公司印刷装订　　新华书店经销

787 毫米 ×1092 毫米　16 开本　10.75 印张　111 千字
2024 年 12 月第 1 版　　2024 年 12 月第 1 次印刷
定价：36.00 元

营销中心电话：400-606-6496
出版社网址：https://www.class.com.cn

版权专有　　侵权必究

如有印装差错，请与本社联系调换：（010）81211666
我社将与版权执法机关配合，大力打击盗印、销售和使用盗版图书活动，敬请广大读者协助举报，经查实将给予举报者奖励。
举报电话：（010）64954652

序 言

今年是劳动法颁布三十周年。劳动法是新中国成立以来颁布的第一部专门保障劳动者合法权益的法律，是人力资源和社会保障法治建设中的一个重要里程碑。在劳动法确立的法律框架和基本原则下，就业促进法、劳动合同法、劳动争议调解仲裁法、社会保险法等法律相继出台，有关集体合同、工作时间和休息休假、工资支付、女职工和未成年工特殊劳动保护、劳动保障监察等涵盖劳动关系调整多个方面的配套法规规章和政策性文件陆续颁布实施，基本形成了具有中国特色的劳动关系法律体系，为广大企事业单位合规调整劳动关系提供了法律依据。

近年来，劳动关系运行管理已经进入市场化、法治化轨道，企事业单位依法用工、劳动者依法维权的意识和能力明显提高，企业人力资源管理越来越规范，但与此同时，一些企事业单位内部管理粗放、制度失范、用工混乱等问题依然存在。为做好对企事业单位劳动用工的指导和服务，笔者汇集人力资源合规管理常见的100个问题进行解答，充分考虑法律法规与管理边界的内在逻辑，从管理者的视角提出处理劳动用工法律问题的办法，以期为劳动者析法明理、用人单位良性发展、和谐劳动关系创建提供可参考的样本。

各位读者如有志于研究劳动法相关事务，或有人力资源合规管理需求，可联系本书作者（作者微信二维码）进行交流。

编者

目 录

第一篇 劳动合同相关问题

问题 1 用人单位使用非全日制劳动者,还要签劳动合同吗? … 3

问题 2 劳动合同中约定"劳动者同意根据用人单位工作需要,从事用人单位安排的岗位工作",是否有效? ……… 3

问题 3 用人单位能否只做劳动用工备案,不与劳动者订立劳动合同? …………………………………………………………… 5

问题 4 用人单位通知终止符合订立无固定期限劳动合同劳动者的劳动合同,合法吗? ……………………………………… 6

问题 5 劳动者拒不签订劳动合同,用人单位必须支付双倍工资吗? ……………………………………………………………… 7

问题 6 劳动合同约定工作地点为"全国",能否随意调整工作地点? …………………………………………………………… 7

问题 7 用人单位未查明劳动者违纪事实,即采取停发工资、停缴社保、强行办理离职手续等措施,不算违法解除劳动合同吗? ………………………………………………………… 8

I

问题 8 用人单位掌握能够依法解除劳动者劳动合同的证据，是不是可以当做"杀手锏"随时使用？ 8

问题 9 已经发出的解除劳动合同通知书，还能撤回或撤销吗？ 9

问题 10 用人单位发出解除劳动合同通知书后，能否变更解除劳动合同的理由？ 10

问题 11 用人单位是否可以随意解除试用期劳动者的劳动合同？ 10

问题 12 用人单位能否不经职业病健康检查，直接解除从事职业病危害作业劳动者的劳动合同吗？ 11

问题 13 用人单位认为劳动者工作能力不行，是不是就可以解除劳动合同？ 12

问题 14 用人单位能否解除距离法定退休年龄不足 5 年的劳动者的劳动合同？ 12

问题 15 用人单位解除违纪劳动者劳动合同，需要遵守哪些必要程序？ 13

问题 16 用人单位只要发现劳动者兼职，就能解除劳动合同吗？ 14

问题 17 劳动者医疗期满后，用人单位能否解除其劳动合同？ 14

问题 18 劳动者涉嫌犯罪，用人单位能否直接解除劳动合同？ 15

问题 19 用人单位需要审批劳动者的辞职申请吗？ 16

问题 20 用人单位避免违法解除劳动合同的合规要点有哪些？… 16

问题 21 用人单位能否以除名的方式解除劳动者劳动合同？… 17

问题 22 劳动者长期不到岗，用人单位能否按自动离职处理？… 18

问题 23 劳动者奔丧未及时请假，用人单位能否按旷工解除其劳动合同？……………………………………………… 18

问题 24 劳动者违反职业道德，用人单位该如何处理？…… 19

第二篇 社会保险及工伤相关问题

问题 25 劳动者要求不缴纳社会保险费，用人单位能否同意？…………………………………………………… 23

问题 26 用人单位委托第三方为劳动者缴纳社会保险费，是否合法？…………………………………………… 23

问题 27 用人单位可否因劳动者刚入职不稳定，就在制度上规定试用期内不缴纳社会保险费？……………… 24

问题 28 用人单位使用跨区域劳务派遣劳动者，应当在哪里缴纳社会保险费？……………………………………… 25

问题 29 劳动者外交随任的，用人单位能否不缴纳社会保险费？…………………………………………………… 25

问题 30 职工工伤治疗结束之后，用人单位还要不要支付护理费？……………………………………………………… 26

问题 31 劳动者发生工伤后，已经由第三人赔偿误工费，用人单位还需要支付停工留薪期工资吗？……………… 27

问题 32 用人单位已为劳动者投保商业险，是否无须再缴纳工伤保险费？ ·················· 28

第三篇 规章制度相关问题

问题 33 用人单位通过民主程序的规章制度，就合法有效吗？ ···31

问题 34 集团公司的规章制度，是不是一定适用于下属关联公司？ ························ 32

问题 35 用人单位通过OA办公网络向劳动者公示规章制度，是否有效？ ························ 32

问题 36 用人单位通过制定规章制度是否就可以直接改变劳动者的薪酬？ ······················ 33

问题 37 用人单位制定规章制度时，是否具有绝对自主权？ ··· 34

问题 38 用人单位是否具有对规章制度的最终解释权？ ······ 35

问题 39 职工代表人数不足，用人单位如何保证规章制度表决合规？ ······················· 35

第四篇 服务期与竞业限制相关问题

问题 40 用人单位仅提供岗前培训，能否约定服务期？ ······ 39

问题 41 劳动者在关联企业间变动工作，原培训服务期协议继续有效吗？ ····················· 39

问题 42 用人单位可否在劳动者在职期间支付竞业限制补偿金？
·· 40

问题 43 用人单位能否把全体劳动者都纳入保密和竞业限制范围？
·· 40

问题 44 用人单位不支付竞业限制补偿金，劳动者能否不承担竞业限制义务？ ·························· 41

第五篇　劳动及人事关系相关问题

问题 45 公司股东承担公司实际工作任务，与公司有劳动关系吗？
·· 45

问题 46 用人单位使用自带生产工具的劳动者，是否就不存在劳动关系？ ································ 45

问题 47 经过职工大会表决，是否可以直接变更职工的劳动关系？ ···································· 46

问题 48 用人单位使用其他单位已经"内退"的劳动者，构成劳务关系吗？ ································ 46

问题 49 工程项目部能否与使用的劳动者建立劳动关系？ ··· 47

问题 50 事业单位在编人员服务期未满就辞职的，是否应当返还培训费用？ ···························· 48

问题 51 如何判断用人单位与劳动者建立的是人事关系？ ··· 48

问题 52 事业单位能够随时解除试用期人员的聘用合同吗？ ··· 49

第六篇　劳动争议相关问题

问题 53　用人单位违法超期约定试用期，有什么后果？…… 55

问题 54　劳动争议是否适用约定管辖有关规定？………… 55

问题 55　用人单位如何确保绩效考核结果得到劳动仲裁机构或法院的支持？………………………………………… 56

问题 56　用人单位注销营业执照后，是否不用对劳动者承担任何责任？……………………………………………… 57

问题 57　劳动者在用人单位各关联企业工作，工作年限怎么计算？………………………………………………… 58

问题 58　劳动者未签订劳动合同，用人单位是否就要支付双倍工资？………………………………………………… 59

问题 59　用人单位进行经济性裁员应注意什么？………… 60

第七篇　日常管理相关问题

问题 60　用人单位安排加班却不批准劳动者的加班申请，是不是可以避免加班认定？………………………………… 65

问题 61　实行计件工资制的劳动者加班，用人单位就无需支付加班费了吗？……………………………………… 65

问题 62　用人单位可以采取调休的方式代替支付加班费吗？… 66

问题 63　用人单位支付劳动者未休年休假补偿，应该按照其日

	工资收入的 3 倍算吗？	67
问题 64	已经享受寒暑假的劳动者，用人单位可无须安排带薪年休假吗？	67
问题 65	享受了产假、哺乳假的女职工，当年还能享受带薪年休假吗？	68
问题 66	职工不主动申请带薪年休假，能否视为主动放弃？	68
问题 67	用人单位认为劳动者工作不称职，就单方强行调整工作岗位，合法吗？	69
问题 68	因业务收缩，安排劳动者同时兼任两个岗位的工作，合法吗？	69
问题 69	劳动者不办理离职交接，用人单位是不是可以不支付经济补偿金？	70
问题 70	关联企业混同用工，是否有风险？	71
问题 71	企业共享用工需要注意什么？	72
问题 72	用人单位的考勤记录必须经劳动者签字认可才有效吗？	72
问题 73	用人单位与劳动者协商一致，就可以延长试用期吗？	73
问题 74	劳动者辞职，用人单位可以不支付经济补偿金吗？	74
问题 75	用人单位能否全额扣除违纪劳动者的工资？	75
问题 76	用人单位搬迁，是否必须向劳动者支付经济补偿金？	75
问题 77	适用不定时工时制的职工，企业还能对其进行考勤管理吗？	76

问题 78 用人单位解除劳动者劳动合同时，是否都要按"N+1"支付经济补偿？ ············ 77

问题 79 用人单位与劳动者就劳动纠纷处理达成协议后又担心对方反悔，该怎么办？ ············ 78

问题 80 用人单位应如何规范学生实习？ ············ 79

问题 81 用人单位能否规定劳动者年度内中途离职，就不再计发年终奖？ ············ 80

问题 82 劳动者不辞而别，用人单位能够扣押其档案吗？ ··· 81

问题 83 用人单位给劳动者发放的补贴，算不算工资？ ······ 81

问题 84 劳动者离职后，在股权激励平台持有的合伙份额如何处理？ ············ 82

问题 85 劳动者因履行职务给用人单位造成损失的，该怎么办？ ············ 83

问题 86 用人单位能否在停工停产期间停发工资？ ············ 84

问题 87 用人单位能否要求劳动者入职时提供"无犯罪记录证明"？ ············ 85

问题 88 用人单位担心劳动者取得北京户口就离职，能否在劳动合同中设置违约金？ ············ 86

问题 89 女职工怀孕后不到岗，用人单位能不能进行管理？ ··· 87

问题 90 用人单位可否把部分业务外包给个人？ ············ 88

问题 91 用人单位如何判断第三方用工是"假外包、真派遣"？ ············ 89

问题 92 用人单位界定承揽关系与劳动关系应注意哪些要点？ ⋯ 90

问题 93 劳动者在家猝死，用人单位该如何进行合规处理？ ⋯ 91

问题 94 用人单位防止劳动者入职欺诈的合规要点有哪些？ ⋯ 91

问题 95 用人单位使用港澳台劳动者，需要注意哪些合规要点？
⋯⋯⋯⋯⋯⋯⋯⋯⋯⋯⋯⋯⋯⋯⋯⋯⋯⋯⋯⋯⋯⋯⋯⋯ 92

问题 96 用人单位使用外籍劳动者，应当注意哪些合规要点？⋯ 93

问题 97 用人单位处置性骚扰事件，应当注意哪些合规要点？⋯ 94

问题 98 女性劳动者离职，用人单位应当注意哪些合规要点？ ⋯ 94

问题 99 用人单位确认劳动者退休年龄时，应当注意哪些合规
要点？⋯⋯⋯⋯⋯⋯⋯⋯⋯⋯⋯⋯⋯⋯⋯⋯⋯⋯⋯⋯⋯ 95

问题 100 用人单位使用新就业形态劳动者，应当注意哪些合规
要点？⋯⋯⋯⋯⋯⋯⋯⋯⋯⋯⋯⋯⋯⋯⋯⋯⋯⋯⋯⋯ 96

附 录 ⋯⋯⋯⋯⋯⋯⋯⋯⋯⋯⋯⋯⋯⋯⋯⋯⋯⋯⋯⋯⋯⋯⋯⋯⋯ 99

中华人民共和国劳动法 ⋯⋯⋯⋯⋯⋯⋯⋯⋯⋯⋯⋯⋯⋯ 99

中华人民共和国劳动合同法 ⋯⋯⋯⋯⋯⋯⋯⋯⋯⋯⋯ 115

劳务派遣暂行规定 ⋯⋯⋯⋯⋯⋯⋯⋯⋯⋯⋯⋯⋯⋯⋯ 136

职工带薪年休假条例 ⋯⋯⋯⋯⋯⋯⋯⋯⋯⋯⋯⋯⋯⋯ 142

最高人民法院关于审理劳动争议案件适用法律问题的
解释（一）⋯⋯⋯⋯⋯⋯⋯⋯⋯⋯⋯⋯⋯⋯⋯⋯⋯ 144

第一篇

劳动合同相关问题

问题 1

用人单位使用非全日制劳动者，还要签劳动合同吗？

1.《中华人民共和国劳动合同法》（简称《劳动合同法》）规定，非全日制用工双方当事人可以订立口头协议，且双方当事人不得约定试用期。鉴于非全日制就业的灵活性，非全日制用工双方当事人任何一方都可以随时通知对方终止用工。终止用工时，用人单位无需向劳动者支付经济补偿。

2. 实践中，非全日制劳动者往往被当成是随意用工，但是非全日制用工有以下三个限制性规定：

（1）劳动者在同一用人单位一般平均每日工作时间不超过四小时，每周工作时间累计不超过二十四小时。

（2）非全日制用工小时计酬标准不得低于用人单位所在地人民政府规定的最低小时工资标准。

（3）非全日制用工劳动报酬结算支付周期最长不得超过十五日。

3. 如果用人单位使用非全日制劳动者违反以上规定的，裁审机构会认定双方属于全日制劳动关系。此时，若用人单位没有与劳动者签订劳动合同，还需要向劳动者支付双倍工资。

问题 2

劳动合同中约定"劳动者同意根据用人单位工作需要，从事用人单位安排的岗位工作"，是否有效？

实践中，裁审机构虽然会结合具体案情，一定程度上尊重用人单位的用工自主权，但是这并不意味着，只要用人单位与劳动者事前有此约定，就可以随意调岗。案件审理过程中，还是以双方是否协商一致变更劳动合同为首要考察事项。

《劳动合同法》第二十六条规定，用人单位免除自己的法定责任、排除劳动者权利的劳动合同无效或者部分无效，对劳动合同的无效或者部分无效有争议的，由劳动争议仲裁机构或者人民法院确认。因此，用人单位不能说明调整岗位的合理性、必要性，或者经调查调整岗位具有侮辱性、惩罚性，那么调整岗位就是无效的。

调岗过程中，用人单位需要充分说明调岗合理性，并注意以下情况：

1. 调岗是否有明确法律依据。

2. 调岗是否属用人单位生产经营的合理需要。若劳动者所在岗位性质有此职责且属于用人单位正常生产经营需求，则劳动者有服从义务。

3. 调整前后劳动者工资水平是否相当、有无大幅改变，或者用人单位是否有与工作岗位相对应的薪酬体系。

4. 原岗位的工作条件和劳动便利是否可以维持，劳动者增加的劳动成本是否有补助。工作环境、上班在途时间等通常都是劳动者考虑的问题。

5. 调岗应不带有侮辱性或惩罚性。

6. 劳动者是否能够胜任调整后的岗位。

对于需要跨区域或跨省工作的劳动者，用人单位与劳动者签订劳动合同约定工作地点时，应先对用人单位经营模式或劳动者工作岗位特性向劳动者予以特别提示和说明，并在工作地点条款的约定中详细注明，以保证在出现纠纷时能够提供充足的依据。

问题 3

用人单位能否只做劳动用工备案，不与劳动者订立劳动合同？

劳动用工备案与订立劳动合同有本质的区别：

1. 依据规定不同。劳动用工备案的依据是《关于建立劳动用工备案制度的通知》。而订立劳动合同的依据是《劳动合同法》第十条的规定，即建立劳动关系，应当订立书面劳动合同已建立劳动关系，未同时订立书面劳动合同的，应当自用工之日起一个月内订立书面劳动合同。

2. 目的意义不同。劳动用工备案是指用人单位按规定向人社部门申报劳动用工情况，人社部门对用人单位主体资格、劳动用工情况进行核实，并将有关信息录入管理系统，定期进行数据分析，提供咨询服务，实行动态管理。订立劳动合同是指劳动者与用人单位确立劳动关系、明确双方权利和义务并签订协议。

3. 内容不同。通常来说，劳动用工备案的信息会包括用人单位名称、法定代表人、经济类型、组织机构代码，招用劳动者的人数、姓名、性别、居民身份证号码，与劳动者签订劳动合同的起止时间，终止或解除劳动合同的人数、劳动者姓名、时间等。劳动合同的内容一般包括用人单位的名称、住所和法定代表人或者主要负责人，签订合同劳动者的姓名、住址和居民身份证或者其他有效身份证件号码，劳动合同期限，工作内容和工作地点，工作时间和休息休假，劳动报酬，社会保险，劳动保护、劳动条件和职业危害防护，法律、法规规定应当纳入劳动合同的其他事项。

由此可见，办理劳动用工备案手续不能视为订立了劳动合同。

实践中，还有不少用人单位认为，法律既然规定在用工之日起一个月内订立劳动合同即可，那么是不是已建立劳动关系但未同时订立书面劳动合同就没有风险呢？其实不然。首先，劳动关系建立是自用工之日开始；其次，用工后一个月内，是否订立劳动合同的主动权已不在用人单位；最后，任何超过一个月未能订立劳动合同的情况都将导致用人单位承担每月向劳动者支付双倍工资的不利后果。

问题4

用人单位通知终止符合订立无固定期限劳动合同劳动者的劳动合同，合法吗？

《劳动合同法》第十四条规定，劳动者在同一用人单位连续工作满10年或者连续订立两次固定期限劳动合同，且劳动者没有该法第三十九条和第四十条第一项、第二项规定的情形，续订劳动合同的，劳动者提出或者同意续订、订立劳动合同的，除劳动者提出订立固定期限劳动合同外，应当订立无固定期限劳动合同。

实践中，有用人单位在工作中并不认同某些符合订立无固定期限劳动合同的劳动者，因此会选择在劳动合同到期时终止其劳动合同。但是，这种操作是有风险的。一旦劳动者提出要求与用人单位订立无固定期限劳动合同，那么用人单位就不能终止双方的劳动合同，否则就属于违法终止。

如果劳动者对用人单位发出的终止劳动合同决定没有异议，还配合办理离职手续，并在离职确认表上签字，这就说明劳动者认可并接受终止劳动合同的法律后果。

问题5

劳动者拒不签订劳动合同,用人单位必须支付双倍工资吗?

1.《劳动合同法》虽然规定,用人单位只要自用工之日起一个月内与劳动者订立书面劳动合同就是合法的。但是实践中,如果劳动者拒不签订或者拖延订立劳动合同,用人单位要采取措施积极应对,以免自身陷入违法风险之中。

2. 如果自用工之日起一个月内,经用人单位书面通知后,劳动者不与用人单位订立书面劳动合同的,用人单位可以立即书面通知劳动者终止劳动关系,无须向劳动者支付经济补偿,但是应当依法向劳动者支付其实际工作时间的劳动报酬。

3. 当用人单位自用工之日起超过一个月不满一年未与劳动者订立书面劳动合同,用人单位就要支付超过一个月以后对应期限的双倍工资,但仍可立即书面通知劳动者终止劳动关系,不过需要依照《劳动合同法》第四十七条的规定支付经济补偿。

4. 如果用人单位自用工之日起超过一年未与劳动者订立书面劳动合同,用人单位就要自用工之日起满一个月的次日至满一年的前一日向劳动者每月支付双倍工资,并视为自用工之日起满一年的当日已经与劳动者订立无固定期限劳动合同,应当立即与劳动者补订书面劳动合同。

综上所述,用人单位最好在用工之日或之前与劳动者订立劳动合同。

问题6

劳动合同约定工作地点为"全国",能否随意调整工作地点?

1.《劳动合同法》第十七条规定,劳动合同中应写明工作内容和工作地点。由此可见，工作地点是劳动合同约定的必备条款。

2.劳动合同约定的工作地点为"全国"，地点范围过于宽泛，等同于未约定工作地点或者约定不清，一旦双方发生争议，裁审机构大概率会按照劳动合同实际履行地的劳动基准保障劳动者权益。

3.实践中，用人单位在劳动合同中做上述约定，是为了便于调整劳动者工作地点。这里提出两个建议，供参考：

（1）若安排劳动者短期变换工作地点，可以考虑结合岗位职责和公司制度安排出差。

（2）若安排劳动者长期变更工作地点，则需要考虑合理调岗。

问题7

用人单位未查明劳动者违纪事实，即采取停发工资、停缴社保、强行办理离职手续等措施，不算违法解除劳动合同吗？

1.用人单位实施上述措施，即使不开具解除劳动合同证明材料，也会被认定为违法解除劳动合同。

2.实践中，用人单位往往在庭审中主张只是安排劳动者待岗，但是停发工资、停缴社保的行为，具有强行解除劳动合同的意思。如果用人单位不能证明自己的主张，则不会被采信。

3.用人单位在采取相应行动前，需要综合考虑违法解除劳动合同的后果，避免发生被动局面。

问题8

用人单位掌握能够依法解除劳动者劳动合同的证据，是不是可以当做"杀手锏"随时使用？

1.虽然目前没有法律规定（有地方规定的除外）用人单位解

除劳动者劳动合同的具体处理时限，但是实践中，裁审机构会结合案情和用人单位管理惯例进行判断。

2. 一般认为，如果用人单位在已经掌握上述足以解除劳动者劳动合同的证据后，仍为其晋升职位、调高工资、续签劳动合同，则大概率会被认为已经以实际行动对其违纪行为免予处罚或者放弃追究责任。

问题 9

已经发出的解除劳动合同通知书，还能撤回或撤销吗？

1. 用人单位的单方解除劳动合同权利，是一种典型的形成权，即无须劳动者表达意愿，仅由用人单位依据相关事实即可做出并发生法律效力，因此，当用人单位行使单方解除权时，通知文件一经发出且到达对方，即已生效。

2. 撤回针对的是未生效的法律行为，撤销针对的是已生效的法律行为。民法理论认为，行使形成权的单方法律行为可以撤回而不可以撤销，即变动法律关系的意思表示到达相对人之前可以撤回，阻断形成权的行使；但当该意思表示已经到达相对人，被相对人知悉后，该单方法律行为即已生效，形成权已经实现，未经相对人同意不可单方撤销。

3. 因此，用人单位在解除劳动合同时应当审慎处理，确保解除劳动合同的行为符合法律规定的各项条件。实践中因用人单位的疏忽导致未能正确行使该项权利而盲目发出解除劳动合同通知后，又想撤回或者撤销，就需要考察两点：一是该通知是否已送达，二是劳动者是否同意撤销。

问题 10

用人单位发出解除劳动合同通知书后，能否变更解除劳动合同的理由？

《最高人民法院关于审理劳动争议案件适用法律问题的解释（一）》第四十四条规定，因用人单位作出的开除、除名、辞退、解除劳动合同、减少劳动报酬、计算劳动者工作年限等决定而发生的劳动争议，用人单位负举证责任。

实践中，有些用人单位在解除劳动合同的时候不够严谨细致，在解除劳动合同通知书已经送达劳动者后又发现解除理由不恰当，此时用人单位是无法变更理由的，即使再次以新理由发出解除劳动合同通知书并送达劳动者，除非劳动者认可同意，否则也是无效的。

劳动争议审理过程中，判断用人单位解除劳动合同通知书合法与否，应当严格依据其所载明的理由进行判断。用人单位一旦作出决定，并通知了劳动者，再想事后进行变更，其变更的解除理由将不会被采纳，更不会被纳入合法性审查的范围。

问题 11

用人单位是否可以随意解除试用期劳动者的劳动合同？

1. 根据《劳动合同法》的规定，劳动者在试用期间被证明不符合录用条件的，用人单位可以解除劳动合同。

2. 试用期是用人单位与劳动者双方为了互相了解、确定对方是否符合自己招聘条件或求职条件而进行进一步考察的时间期限。

3. 用人单位因劳动者试用期间不符合录用条件而与其解除劳动合同应具备以下几个条件：

（1）用人单位作为劳动用工管理的主体，应在发布招聘信息时，明确录用条件、岗位职责等信息，入职约定试用期的，应明确试用期内的考核标准。

（2）录用条件应当符合劳动合同目的，与工作岗位、工作能力相联系，不能设定明显不能完成或超过一般劳动者平均水平、歧视性、违反法律法规规定等的录用条件。

（3）上述录用条件及考核评价制度已经告知劳动者。

（4）用人单位认为劳动者不符合录用条件，应在试用期满之前明确通知劳动者解除劳动合同。

用人单位能否不经职业病健康检查，直接解除从事职业病危害作业劳动者的劳动合同吗？

用人单位要对从事职业病危害作业的劳动者，定期进行职业健康检查（不是一般性的年度体检），并应长期保留工作场所的职业病危害因素检测结果以及劳动者本人从事职业病危害作业的职业史记录。

《中华人民共和国职业病防治法》第三十五条规定，用人单位对未进行离岗前职业健康检查的劳动者不得解除或终止与其订立的劳动合同。因此，在用人单位解除或者终止从事职业危害作业劳动者的劳动合同前必须要对其进行离岗前职业健康检查。

实践中，若劳动者不辞而别无法及时安排离岗前职业健康检查的，应当如何处理呢？《用人单位职业健康监护监督管理办法》第十五条规定，对准备脱离所从事的职业病危害作业或者岗位的劳动者，用人单位应当在劳动者离岗前30日内组织劳动者进行离岗时的职业健康检查。劳动者离岗前90日内的在岗期间的职业健康检查可以视为离岗时的职业健康检查。

因此，建议用人单位结合劳动者所在岗位的职业病危害情况和劳动情况，每季度进行一次职业健康检查。这样既满足了法定检查频次要求，也有助于及时发现劳动者潜在的健康问题，降低劳动争议风险。

问题 13

用人单位认为劳动者工作能力不行，是不是就可以解除劳动合同？

1.《最高人民法院关于审理劳动争议案件适用法律问题的解释（一）》第四十四条规定，因用人单位作出的开除、除名、辞退、解除劳动合同、减少劳动报酬、计算劳动者工作年限等决定而发生的劳动争议，用人单位负举证责任。因此，用人单位要对劳动者工作能力不行进行举证。

2. 从用人单位管理角度看，要证明劳动者工作能力不行，需要结合相关制度规定进行。

3. 用人单位需要根据与劳动者约定的工作岗位的岗位职责、考核要求、程序及考核结果等证据材料来进行举证。

4. 特别提醒：有的用人单位一边主张劳动者工作能力不行，另一边却给劳动者升职加薪或者奖励激励，这种自相矛盾的做法，难以令人信服，必然给劳动争议败诉埋下伏笔。

问题 14

用人单位能否解除距离法定退休年龄不足5年的劳动者的劳动合同？

1.《劳动合同法》第四十二条规定，劳动者在本单位连续工作满15年，且距法定退休年龄不足5年的，用人单位不得依照该法第四十条、第四十一条的规定与其解除劳动合同。但这里需要注意的是，此情形作为限制解除劳动合同条件，只是限制用人单位以劳动者医疗期满后不能从事工作、劳动者不胜任工作、客观情况发生重大变化致使劳动合同无法履行、裁减人员等理由，与无过失的劳动者解除劳动合同。

2. 如果用人单位能提供证据，证明解除劳动合同的事由为劳动者有严重过错，并符合《劳动合同法》第三十九条规定的情形，用人单位解除劳动合同即不违法。

问题 15

用人单位解除违纪劳动者劳动合同，需要遵守哪些必要程序？

1. 劳动合同的解除，是指劳动合同订立后，尚未完全履行完毕之前，由于某种原因使一方或双方提前解除劳动关系的法律行为。劳动关系的解除是关系到劳动者切身利益的重大事项，用人单位解除劳动合同，将会使劳动者在一定时期内处于失业状态，势必会影响劳动者的生活与发展，因此在实践中，对用人单位行使劳动合同解除权要求较为严格。

2. 用人单位要解除劳动者的劳动合同，需举证证明劳动者存在违反规章制度的行为，故用人单位应增强证据意识，注意"留痕"，每一个程序或环节都要留有书面、录音、录像证据或谈话记录等。

3. 解除劳动合同所依据的规章制度的制定应符合法定程序，确保内容合法有效，并尽可能细化；对违纪程度进行分级，把不同层级的违纪行为匹配到不同层级的惩罚制度上；规章制度应该进行公示,组织劳动者进行学习。

4.用人单位单方解除劳动合同,应事先将理由通知工会,用人单位违反法律、行政法规或者劳动合同约定的,工会有权要求用人单位予以纠正。在接到工会的意见后,用人单位应认真研究,并将处理结果以书面形式通知工会。

问题 16

用人单位只要发现劳动者兼职,就能解除劳动合同吗?

劳动者在未经用人单位同意的情况下到其他用人单位兼职,一般属于用人单位规章制度管理的范畴。如果用人单位有明确禁止兼职的制度规定,即可以劳动者严重违反规章制度为由解除劳动合同。

如果劳动者与其他用人单位建立劳动关系,在用人单位要求限期返岗后拒不改正的,则用人单位亦可解除与其的劳动合同。

用人单位在规范劳动者兼职方面,可以考虑在操作上采取如下措施:

1.在制度上需要明确劳动者兼职的后果。

2.一旦用人单位发现劳动者兼职,用人单位可以发出限期返岗通知书并要求其提供结束兼职的证明材料。

3.如劳动者限期内没有返岗,或者即使返岗但未提供结束兼职的证明材料,则用人单位可以解除劳动合同。

问题 17

劳动者医疗期满后,用人单位能否解除其劳动合同?

1.《劳动合同法》第四十条规定,劳动者患病或者非因工负伤,在规定的医疗期满后不能从事原工作,也不能从事由用人单位另行安排的工作的,用人单位提前三十日以书面形式通知劳动者本人或者额外支付劳动者一个月工资后,可以解除劳动合同。

2.解除长期患病或非因工负伤劳动者的劳动合同,应当符合以下条件:

(1)劳动者病休时间超过其本人应当享有的医疗期;

(2)劳动者医疗期满后的身体状况不符合原岗位工作要求;

(3)用人单位要结合实际情况,与劳动者磋商调换新的岗位;

(4)劳动者在新岗位上,也无法适应工作。

3.用人单位在操作中,须特别注意应当事前将岗位工作要求和工作标准形成体系,并结合劳动者身体检查状况,综合判断劳动者的工作能力。

问题 18

劳动者涉嫌犯罪,用人单位能否直接解除劳动合同?

1.《劳动合同法》第三十九条规定,劳动者被依法追究刑事责任的,用人单位可以解除劳动合同。

2.根据《关于贯彻执行〈中华人民共和国劳动法〉若干问题的意见》《关于职工被人民检察院作出不予起诉决定用人单位能否据此解除劳动合同问题的复函》及《中华人民共和国刑法》(以下简称《刑法》),劳动者被人民法院判处刑罚的、被人民法院依据《刑法》免予刑事处分的,或被人民法院判处拘役、三年以下有期徒刑缓刑的,用人单位可以解除劳动合同。

3.劳动者如果仅仅是涉嫌犯罪,被采取逮捕、取保候审等强制措施,或者劳动者有违法行为被行政拘留的,都不属于被追究刑事责任的情形。对此，用人单位一定要弄清事实后，再做决定。否则，就会被认定为违法解除劳动合同，需要承担不利后果。

问题 19

用人单位需要审批劳动者的辞职申请吗？

1. 实践中，用人单位为了保证工作秩序的稳定和人员岗位工作交接，都会要求劳动者在提出辞职申请时要经过用人单位的审批，方可离职。这种规定，程序上仅可视为内部管理流程要求，但是不具有法律效力。也就是说，只要劳动者提出书面的辞职申请，即使用人单位不予审批，亦不能认为辞职无效。

2. 《劳动合同法》第三十七条规定，劳动者提前30日以书面形式通知用人单位，可以解除劳动合同。因此，辞职实际上是劳动者单方行使解除劳动合同权利的表现，法律上是一种形成权，可以由劳动者凭借单方意思表示行使，并产生民事法律关系发生、变更或消灭的后果。权利行使完成的标志是权利人以法定方式将行使权利的意思表示成功传达给权利相对人。

3. 用人单位可以在内部管理上设定劳动者辞职的义务，比如要完成工作交接、处理财务欠款、提交总结汇报、返还办公设备等，并可以在劳动者未办理完毕离职交接时，向劳动者主张损失赔偿责任。

问题 20

用人单位避免违法解除劳动合同的合规要点有哪些？

1. 实践中，绝大多数劳动争议都发生在用人单位解除劳动者劳动合同之后，而用人单位解除劳动合同行为的合法性恰恰是裁审机构审查的重点。为了避免因被认定违法解除劳动合同，用人单位背负高额赔偿金或被动接受劳动者返岗继续履行劳动合同的后果，用人单位在做出解除劳动合同决定前，即应从证据收集、处理依据、解除程序等方面通盘考虑。

2.一般来说，用人单位解除劳动合同时，需要注意以下几点：

（1）选取最能"站得住脚"的解除理由。部分劳动者在工作中可能有多种违纪行为，但是违纪行为本身的严重程度、违纪事实的调查情况等都影响最终的事实判断。

（2）选取最能反映用人单位意愿的处理依据。有时用人单位在解除劳动者劳动合同时发现，该劳动者的某一行为，可能同时触犯多个纪律条款，这就需要用人单位作出抉择，一旦选定后就不能变更了。

（3）格外注意解除前的工会告知程序。有的用人单位自身如果没有工会，那就应向所在地的工会报告。

3.用人单位在做出解除劳动者劳动合同决定后，还要依法送达劳动者。

问题 21

用人单位能否以除名的方式解除劳动者劳动合同？

1.现实中，部分用人单位在处理违纪劳动者时，往往会采取除名的方式解除劳动合同。这些用人单位的做法是错误的。

2.已经废止的《企业职工奖惩条例》规定，职工无正当理由经常旷工，经批评教育无效，连续旷工时间超过15天，或者一年以内累计旷工时间超过30天的，企业有权予以除名。因此，除名只针对旷工违纪劳动者，且由于该条例已经废止，此项处置措施也丧失了合法性。

3.用人单位在处置劳动者或者制定规章制度时,需要厘清相关措施本身的意义和法律效力,注意不同的处置措施其履行程序的不同规范要求。如果用人单位有以除名方式处置劳动者的历史,那么需要确保劳动者知悉除名的决定,并保留除名决定送达劳动者的凭证。

问题 22

劳动者长期不到岗,用人单位能否按自动离职处理?

1.当劳动者长期不到岗,而实际上其劳动合同仍然存续,且劳动者没有办理任何离职手续或签订协议(或协议已失效),用人单位单方面认为劳动者已经自动离职的想法是错误的,在劳动争议中也会给用人单位带来不利后果。

2.一般来说,劳动者长期不到岗的合法基础为其本人存在客观不到岗的理由(如被依法限制人身自由),或者已经向用人单位请假并获得批准,否则劳动者长期不到岗的缺勤现象,就是旷工。用人单位可以按照规章制度处理。

3.现实中很多用人单位认为的自动离职,其实和劳动者长期不到岗关系不大。用人单位应重视长期不在岗人员的管理问题,通过主动查证、及时联系、劝导返岗,予以相应安排。如果确已无法联系,也应积极主动完成解除劳动合同的全部程序,尽早排除隐患。

问题 23

劳动者奔丧未及时请假,用人单位能否按旷工解除其劳动合同?

1.劳动者根据用人单位的规章制度,履行请假手续,是考勤假期管理的必然要求，也是劳动者应当遵守的合同义务。因此，无论劳动者因为自身原因（患病等）还是因为外界原因（参加社会活动、探亲奔丧等），劳动者都应向用人单位履行报备审批手续。

2. 近年来，因劳动者奔丧而引发的争议屡见不鲜，对此用人单位在合规管理上应当注意以下几点：

（1）劳动者申请丧假的适用范围是配偶、子女、父母，不包括岳父母、公婆、祖父母、外祖父母，除非用人单位另有制度规定；

（2）劳动者请丧假，应当履行审批程序；

（3）经批准后，用人单位应当支付劳动者在丧假期间的工资待遇。

3. 需要说明的是，如果用人单位的制度没有扩大上述亲属范围，则劳动者对上述亲属范围外的人员奔丧、治丧时间，就要按照带薪年休假或者事假处理。

4. 实践中，部分用人单位过于强调劳动者的请假流程规定，一旦劳动者违反，就进行严格处罚。这种做法不但存在风险，也不值得提倡。一方面，在某种紧急情况下，劳动者可能无法及时申请假期；另一方面，用人单位在处理类似情况时，要综合考虑劳动者请假的主观态度、客观实际，并兼顾公序良俗，采取善意、宽容及合理的管理方式。

问题 24

劳动者违反职业道德，用人单位该如何处理？

1. 近年来，因劳动者在网络上发布不当言论或者扰乱公共秩

序而受到媒体曝光,影响用人单位声誉的事件,并不少见。对此,用人单位应当注意以下几点:

(1)在规章制度中,设置价值观条款,如"劳动者应当践行敬业价值观,遵守职业道德和公序良俗",并明确对应罚则;

(2)注意加强职业知识、职业道德、职业礼仪等方面的培训;

(3)主动完善舆情管理、网络管理等适应新形势要求的管理制度。

2.实务处理中,建议用人单位在取得相关证据后,首先取得劳动者对事件态度的陈述,再结合管理需要予以处理。

第二篇

社会保险及工伤相关问题

问题 25

劳动者要求不缴纳社会保险费，用人单位能否同意？

1. 实践中，有劳动者对社会保险的重要意义认识不足，要求用人单位不必为自己缴纳社会保险费，将自己的社会保险个人缴费部分返还给其本人；有些用人单位也认为可以降低人工成本就选择不缴；还有用人单位为了逃避责任，要求劳动者自行书写放弃缴纳社会保险费的声明或协议。这些做法都是错误的。

2. 《社会保险法》和《社会保险费征缴暂行条例》规定，依法缴纳社会保险费是用人单位和劳动者的法定义务。双方应当依法缴纳各自应当缴纳的份额，其中用人单位应当承担代扣代缴义务。因此，如果劳动者没有依法缴纳社会保险费，用人单位不仅要承担补缴责任，还有可能承担赔偿责任。

3. 有用人单位认为劳动者欠缴社会保险费的时间已经很久了，是不是超过2年的就不会被追责了？但实际上，《社会保险费征缴暂行条例》和《社会保险稽核办法》均未对清缴用人单位欠费问题设置追诉期。

4. 建议用人单位根据劳动者的身份依法为其缴纳社会保险费，可以通过调整薪资结构和用工方式来有效降低人工成本，也可以通过协议承担费用的方式合理分担各自责任。

问题 26

用人单位委托第三方为劳动者缴纳社会保险费，是否合法？

1.《社会保险法》第五十七条规定，用人单位应当自成立之日起30日内凭营业执照、登记证书或者单位印章，向当地社会保险经办机构申请办理社会保险登记。社会保险经办机构应当自收到申请之日起15日内予以审核，发给社会保险登记证件。因此，社会保险登记为属地管理，用人单位应向其所在地的社会保险经办机构办理登记并依法为劳动者缴纳社会保险费。

2.实践中，出于劳动合同履行地与用人单位注册地不同等原因，有些单位会选择通过委托第三方代缴的方式缴纳社会保险费，这种做法实际上是通过签订虚假劳动合同，虚构劳动关系参保，从而产生劳动关系的主体与社会保险关系的主体不统一的错位问题。

3.用人单位委托第三方实施的社保代理行为，将会被依法追究民事、行政，甚至刑事责任，具有很大的法律风险。

问题 27

用人单位可否因劳动者刚入职不稳定，就在制度上规定试用期内不缴纳社会保险费？

1.《中华人民共和国社会保险法》第五十八条规定，用人单位应当自用工之日起30日内为其职工向社会保险经办机构申请办理社会保险登记。

2.缴纳社会保险费是用人单位及劳动者都应当遵守的法定义务。实践中，多数涉及工业操作或重体力劳动的工种，劳动者恰恰在试用期期间由于对工作内容不熟悉，更容易发生工伤，更需要社会保险发挥保障作用。因此，试用期间劳动关系不稳定，并不是不缴纳社会保险费的理由。

3.用人单位规章制度中，如有违反法律法规强制性规定的内容，用人单位以上述内容已通过内部民主程序并向劳动者公示等作为抗辩理由不能成立，任何违反法律法规强制性规定的条款均属无效条款。

问题 28

用人单位使用跨区域劳务派遣劳动者，应当在哪里缴纳社会保险费？

1. 《劳务派遣暂行规定》第十八条规定，劳务派遣单位跨地区派遣劳动者的，应当在用工单位所在地为被派遣劳动者参加社会保险，按照用工单位所在地的规定缴纳社会保险费，被派遣劳动者按照国家规定享受社会保险待遇。因此，跨地区使用劳务派遣劳动者的，应当在用工单位所在地缴纳社会保险费。

2. 如果劳务派遣劳动者没有在用工单位所在地缴纳社会保险费，则劳务派遣单位与用工单位对劳动者的社会保险赔偿承担相同责任。

3. 用工单位在选聘劳务派遣单位时，应选聘用工单位所在地的派遣单位，或者要求劳务派遣单位在当地设立分支机构，由该分支机构为被派遣劳动者办理参保手续，缴纳社会保险费。

问题 29

劳动者外交随任的，用人单位能否不缴纳社会保险费？

1. 实践中，国企有部分劳动者是国家外交人员的配偶，在配偶驻外时，经批准可以随任，那么此时该劳动者与所在国企之间的劳动关系怎么处理？工资社保是否正常？

2. 根据《中华人民共和国驻外外交人员法》的相关规定，劳动者外交随任的，要满足以下条件：

（1）是驻外外交人员（我国驻外外交机构中从事外交、领事等工作，使用驻外行政编制，具有外交衔级的人员）的配偶；

（2）经派出部门批准；

（3）随任期间在驻外外交人员任期期间内（驻外外交人员任期结束或者提前调回的，随任配偶应当同时结束随任）。

3.《关于加强驻外外交人员随任配偶保障工作的通知》规定，劳动者是国有企业和国有控股企业人员的，随任期间，保留其劳动关系，中止履行劳动合同；所在单位负责按有关规定继续为其办理养老、失业、医疗保险关系；结束随任回国后，仍回原企业工作，恢复履行劳动合同，并按企业工资分配制度和本人岗位确定其工资水平。劳动者外交随任期间达到退休年龄的，应按规定办理退休手续并领取退休金，已参加当地养老保险的由社会保险经办机构负责发放，未参保的由原单位负责发放。

4.《关于驻外使领馆常驻人员配偶随任和管理办法》规定，配偶随任期间不得在驻在国谋职或打工，也不到我驻当地援外、贸易、劳务等机构和公司任职。

问题 30

职工工伤治疗结束之后，用人单位还要不要支付护理费？

1.在工伤待遇中，护理费分为两种：停工留薪期护理费及生活护理费。

2.《工伤保险条例》第三十三条第三款规定，生活不能自理的工伤职工在停工留薪期需要护理的，由所在单位负责。实践中，用人单位应当承担的专人护理责任，一般表现为委派护工并支付停工留薪期护理费（一般按定点医疗机构的护工标准支付）。

《工伤保险条例》第三十四条规定，工伤职工已经评定伤残等级并经劳动能力鉴定委员会确认需要生活护理的，从工伤保险基金按月支付生活护理费。生活护理费按照生活完全不能自理、生活大部分不能自理或生活部分不能自理 3 个不同等级支付，其标准分别为统筹地区上年度职工月平均工资的 50%、40% 或者 30%。

实践中，不少用人单位认为，仅需为工伤职工提供住院期间专人护理服务费用，职工出院之后就无须继续支付护理费。这是不正确的。首先，住院期间的护理费，用人单位应当根据护工费用凭证和出院小结确定护理费标准和护理天数。其次，工伤职工若出院后，确因生活不能自理，遵医嘱自行安排护理的，用人单位应要求其提供医疗机构出具的证明和向护工支付护理费用的相关凭证。最后，上述用人单位支付专人护理费用的义务仅限于工伤停工留薪期内。

问题 31

劳动者发生工伤后，已经由第三人赔偿误工费，用人单位还需要支付停工留薪期工资吗？

《最高人民法院关于审理人身损害赔偿案件适用法律若干问题的解释》第十二条第二款规定，因用人单位以外的第三人侵权造成劳动者人身损害，赔偿权利人请求第三人承担民事赔偿责任的，人民法院应予支持。

《工伤保险条例》第三十三条规定，职工因工作遭受事故伤害或者患职业病需要暂停工作接受工伤医疗的，在停工留薪期内，原工资福利待遇不变，由所在单位按月支付。

停工留薪期工资与误工费是基于不同的法律关系产生的赔偿项目，是可以兼得的。实践中，用人单位以侵权人已向劳动者赔偿误工费为由拒付停工留薪期工资的主张，往往是得不到支持的。

问题 32

用人单位已为劳动者投保商业险，是否无须再缴纳工伤保险费？

1. 中华人民共和国境内的企业、事业单位、社会团体、民办非企业单位、基金会、律师事务所、会计师事务所等组织和有雇工的个体工商户都有依法参加工伤保险的义务，必须为本单位全部职工和雇工缴纳工伤保险费。

2. 即使用人单位为劳动者购买了商业险，也不能免除用人单位依法参加工伤保险的法定义务。未参加工伤保险的用人单位要承担劳动者一旦出险后的工伤保险待遇。

3. 劳动者出险后商业险赔付并不能免除、抵消、替代工伤保险待遇支付。

第三篇

规章制度相关问题

问题 33

用人单位通过民主程序的规章制度，就合法有效吗？

1.《劳动合同法》第四条规定，用人单位在制定、修改或者决定有关劳动报酬、工作时间、休息休假、劳动安全卫生、保险福利、职工培训、劳动纪律以及劳动定额管理等直接涉及劳动者切身利益的规章制度或者重大事项时，应当经职工代表大会或者全体职工讨论，提出方案和意见，与工会或者职工代表平等协商确定。在规章制度和重大事项决定实施过程中，工会或者职工认为不适当的，有权向用人单位提出，并通过协商予以修改完善。用人单位应当将直接涉及劳动者切身利益的规章制度和重大事项决定公示，或者告知劳动者。《最高人民法院关于审理劳动争议案件适用法律若干问题的解释（一）》第五十条规定，用人单位根据劳动合同法第四条规定，通过民主程序制定的规章制度，不违反国家法律、行政法规及政策规定，并已向劳动者公示的，可以作为确定双方权利义务的依据。

2. 根据上述规定，用人单位规章制度必须符合三个要素：第一，用人单位规章制度必须通过民主程序制定；第二，用人单位规章制度的内容不得违反国家现行的法律、行政法规及政策规定；第三，用人单位规章制度必须向劳动者公示。这三个要素缺一不可，否则不能作为仲裁机构审理劳动争议的依据。

3. 因此，用人单位的规章制度不能随意制定，否则即使通过民主程序，也有可能是无效条款。

问题 34

集团公司的规章制度，是不是一定适用于下属关联公司？

1. 由于劳动关系具有较强的从属性和相对性，因此本单位的规章制度只对本单位劳动者有效，其他单位的规章制度对本单位劳动者不一定具有约束力。

2. 实践中，为充分保障规章制度在集团公司内部的统一性和权威性，集团公司制定的规章制度往往要求要适用于集团内部全部关联公司。但是下属关联公司是独立的子公司，还是非独立的分公司，直接决定了集团公司制度是否适用。

3. 如果下属关联公司是独立法人（子公司），那么实践中，该公司就要把集团母公司的相关制度通过本公司的法定民主程序正式公布，方可对本公司有效。如果下属关联公司不是独立法人（分公司），那么集团公司制度可以直接适用于该分公司。

问题 35

用人单位通过 OA 办公网络向劳动者公示规章制度，是否有效？

1.《最高人民法院关于审理劳动争议案件适用法律问题的解释（一）》第五十条规定，用人单位根据劳动合同法第四条规定，通过民主程序制定的规章制度，不违反国家法律、行政法规及政策规定，并已向劳动者公示的，可以作为确定双方权利义务的依据。

2. 作为用人单位规章制度适用对象的全体劳动者应当对规章制度的内容充分了解，这就要求用人单位规章制度必须经过法定的公示程序，未经合理的公示程序，不能约束劳动者。

3.实践中，用人单位可以根据实际情况灵活选择公示方式。常见的合规公示方式包括：

（1）采取集体学习的方式进行公示，即组织全体劳动者集中学习制度内容，须注意制作学习培训签到表让劳动者签名确认。

（2）采取发放资料的方式进行公布，如以手册或电子邮件的形式向劳动者发放规章制度相关材料，确保劳动者阅读后给予反馈或在领取单上签字确认。

4.用人单位还应注意在公示后增加一些劳动者反馈的途径，如意见箱、座谈会等，便于在公示的同时使用人单位及时了解规章制度的实施情况，促进用人单位规章制度不断完善。

问题 36

用人单位通过制定规章制度是否就可以直接改变劳动者的薪酬？

1.《中华人民共和国劳动法》(简称《劳动法》)第四十七条规定，用人单位根据本单位的生产经营特点和经济效益，依法自主确定本单位的工资分配方式和工资水平。所以，用人单位可以对劳动者的岗位和薪资进行包括降职降薪在内的调整。

2.《劳动合同法》第三十五条规定，用人单位与劳动者协商一致，可以变更劳动合同约定的内容，变更劳动合同，应当采用书面形式。

3.如果用人单位因订单压缩等外部原因通过民主程序制定调薪方案，是不是就当然适用于劳动者本人呢？实践中，答案是否定的。这是因为《最高人民法院关于审理劳动争议案件适用法律问题的解释（一）》第五十条规定，用人单位制定的内部规章制度与集体合同或者劳动合同约定的内容不一致，劳动者请求优先适用合同约定的，人民法院应予支持。

4.建议用人单位应当将经民主程序表决通过的调薪方案交与劳动者协商并签字确认，劳动者签字后的方案可作为劳动合同的附件。

问题 37

用人单位制定规章制度时，是否具有绝对自主权？

1.用人单位在草拟规章制度过程中，要注意相关条款的合法性、合理性和适用性。这就要求规章制度的内容不能违反法律法规的强制性规定（既不能违反劳动法律法规，也不能违反其他法律法规规定），还需考虑生产和工作实际情况，使规章制度具备较强的合理性和适用性。

2.规章制度的制定权在用人单位，实践中用人单位往往会不自觉地扩大自身权利，转嫁经营风险，限制劳动者权利，这些都是不合理的。制定合理的规章制度，应当注意以下几个方面：

（1）规章制度应以是否符合社会的一般认知和得到大多数劳动者的认同作为判断标准。

（2）要将违反公共道德、诚信行为或公序良俗的行为与违反劳动纪律、破坏工作秩序的行为进行有效平衡、兼容并蓄。

（3）要结合用人单位所处区域和所在行业特点，使规章制度既能发挥严格的约束作用又不过于苛刻。

3.规章制度是否适用于本用人单位，是制度制定能否成功的关键。因此，制定者要从操作层面推敲相关条款的应用场景，避免出现无法实施或者易引发次生问题的规定。

问题 38

用人单位是否具有对规章制度的最终解释权？

1. 实践中，很多用人单位为了掌握内部管理的主动权，在设计规章制度时，往往会留有一些"模糊地带"，当劳动者在提出适用争议时，就以用人单位享有最终解释权来压服对方。其实，这个最终解释权是无效的霸王条款。

2.《最高人民法院关于审理劳动争议案件适用法律问题的解释（一）》第五十条第二款规定，用人单位制定的内部规章制度与集体合同或者劳动合同约定的内容不一致，劳动者请求优先适用合同约定的，人民法院应予支持。

3. 由于劳动者在劳动法律关系中处于从属性地位，劳动立法的基本立场与态度就按照有利于劳动者的原则给予适当倾斜保护。因此，用人单位在起草制定相关制度和内部管理文件时，需要梳理、比对相关条款的规定，定期清理不适宜、与相关要求相矛盾的规定。

问题 39

职工代表人数不足，用人单位如何保证规章制度表决合规？

1.《劳动合同法》规定，涉及劳动者切身利益的规章制度必须经过民主程序（职工大会或职工代表大会）表决，并与工会协商确定。实际中，由于职工代表选举任期较长，一旦职工代表缺席或离职，那么用人单位就必须依法保证职工代表大会的程序合规，表决的制度方才有效。

2.《企业民主管理规定》要求，企业的职工代表大会程序合规要点包括：

（1）企业召开职工代表大会的，职工代表人数按照不少于全体职工人数的5%确定，最少不少于30人。职工代表人数超过100人的，超出的代表人数可以由企业与工会协商确定。

（2）职工代表大会的代表由工人、技术人员、管理人员、企业领导人员和其他方面的职工组成。其中，企业中层以上管理人员和领导人员一般不得超过职工代表总人数的20%。有女职工和劳务派遣职工的企业，职工代表中应当有适当比例的女职工和劳务派遣职工代表。

（3）职工代表大会每届任期为3年至5年。具体任期由职工代表大会根据本单位的实际情况确定。职工代表大会每年至少召开一次。职工代表大会全体会议必须有2/3以上的职工代表出席。

（4）依法终止或者解除劳动关系的职工代表，其代表资格自行终止。选举、罢免职工代表，用人单位应当召开选举单位全体职工会议，会议应有2/3以上职工参加。选举、罢免职工代表的决定，应经全体职工的过半数通过方为有效。

3.需要特别注意的是，职工代表的选举范围仅限于与本单位建立劳动关系的职工，且用人单位需要保证职工正常履职，正常支付其劳动报酬。

4.有些用人单位认为职工代表就是工会代表，这种看法是错误的。两种代表的选举规则、作用意义等是不同的。此外还要注意，公司制企业高级管理人员和监事不得兼任职工董事，公司制企业高级管理人员和董事不得兼任职工监事。

第四篇

服务期与竞业限制相关问题

问题 40

用人单位仅提供岗前培训，能否约定服务期?

1.《劳动合同法》规定，用人单位为劳动者提供专项培训费用，对其进行专项技术培训的，可以与该劳动者订立协议，约定服务期。因此，约定服务期的前提是用人单位向劳动者提供专项培训费用，进行专项技术培训。

2. 用人单位未提供专项技术培训或支出专项培训费用，而是提供岗前基础培训，培训内容是企业文化、内部流程、安全知识、工作技巧等，应属职业培训范畴，并非专项技术培训。

3. 即使用人单位与劳动者就岗前培训签署了培训服务协议，该协议也不能约定服务期。

 问题 41

劳动者在关联企业间变动工作，原培训服务期协议继续有效吗?

1. 培训服务期协议是用人单位与其建立劳动关系的劳动者签订的，旨在要求劳动者获得用人单位提供的专项技术培训后继续在本单位提供相应服务年限的协议。

2. 培训服务期协议具有较强的相对性，即用人单位只能与其建立劳动关系的劳动者签订，同时用人单位也只能向与其建立劳动关系的劳动者提供专项技术培训。因此，劳动者如果变更用人单位，随着其劳动关系的转移，其原签订的培训服务期协议也就无效了。

3. 当劳动者在关联企业间变更工作时，建议原单位与劳动者和新单位之间签订一份关于相关权利义务变更的协议。也就是说，三方可以通过签订协议的方式，将原单位要求劳动者承担的履行工作年限的权利，转由新单位享有，劳动者继续履行原培训服务期协议。

问题 42

用人单位可否在劳动者在职期间支付竞业限制补偿金?

1.《劳动合同法》第二十三条第二款规定，对负有保密义务的劳动者，用人单位可以在劳动合同或者保密协议中与劳动者约定竞业限制条款，并约定在解除或者终止劳动合同后，在竞业限制期限内按月给予劳动者经济补偿。劳动者违反竞业限制约定的，应当按照约定向用人单位支付违约金。

2.这里必须强调的是，竞业限制的约定义务是在劳动者离职后生效的。基于权利义务对等原则，劳动者享有获得竞业限制补偿金权利也应当依法自离职后开始生效。

3.用人单位在支付竞业限制补偿金时应当遵守两个规则：一是劳动者离职后开始支付，二是按月支付。否则，发生争议时，用人单位很难获得裁审机构的支持。

问题 43

用人单位能否把全体劳动者都纳入保密和竞业限制范围?

1.用人单位为保护本单位核心商业秘密，往往会主动扩大保密范围，让更多劳动者承担相关责任。但是这种做法有欠妥当。

2.《劳动合同法》第二十四条规定，竞业限制的人员限于用人单位的高级管理人员、高级技术人员和其他负有保密义务的人员。

由此可见，从立法目的上来说，竞业限制虽然是为了保护本单位的商业秘密，但是适用的人员范围应是有限的。

3.《中华人民共和国反不正当竞争法》中明确，商业秘密是指不为公众所知悉、具有商业价值并经权利人采取相应保密措施的技术信息、经营信息等商业信息。劳动者掌握的知识和技能等信息一般可以分为两类：客观知识和主观知识。客观知识是在劳动过程中获得的生产、经营方面的信息，属于用人单位所有的范畴，故属于竞业限制涉及的商业信息范围；主观知识是指劳动者具有的一般知识和个人技能，这不属于竞业限制涉及的商业信息范围。

4.实践中，裁审机构会根据劳动者在用人单位的职务和岗位，并结合用人单位采取的特殊保护措施等因素，来判断劳动者是否应当承担保密义务。

问题 44

用人单位不支付竞业限制补偿金，劳动者能否不承担竞业限制义务？

1.《劳动合同法》第二十三条第二款规定，对负有保密义务的劳动者，用人单位可以在劳动合同或者保密协议中与劳动者约定竞业限制条款，并约定在解除或终止劳动合同后，在竞业限制期限内按月给予劳动者经济补偿。劳动者违反竞业限制约定的，应当按照约定向用人单位支付违约金。

2.由上述规定可知，竞业限制义务的设定是以劳动者与用人单位双方协商一致订立专项协议的方式实现的。双方在订立协议时，具有一定的自主性，但是考虑到用人单位在劳动者在职期间订立协议时，具有较大优势，因此，法律上通常要求用人单位在要求劳动者承担竞业限制义务的同时，给予劳动者相应的经济补偿。

3.《最高人民法院关于审理劳动争议案件适用法律问题的解释（一）》第三十七条规定，当事人在劳动合同或者保密协议中约定了竞业限制和经济补偿，当事人解除劳动合同时，除另有约定外，用人单位要求劳动者履行竞业限制义务，或者劳动者履行了竞业限制义务后要求用人单位支付经济补偿的，人民法院应予支持。第三十八条规定，当事人在劳动合同或者保密协议中约定了竞业限制和经济补偿，劳动合同解除或者终止后，因用人单位的原因导致三个月未支付经济补偿，劳动者请求解除竞业限制约定的，人民法院应予支持。

4.用人单位若要掌握竞业限制管理的主动权，建议进行如下操作：

（1）若认为劳动者不具备竞业可能，则用人单位可以在劳动者离职时明确告知其无须承担竞业限制义务（此操作须在竞业限制协议中明确约定）。

（2）若认为劳动者离职后不存在竞业可能，则用人单位亦可书面通知劳动者无须承担竞业限制义务（此操作须支付三个月的竞业限制补偿金）。

5.用人单位如怠于以上操作，既不明示告知，也不支付竞业限制补偿，则裁审机构会根据劳动者离职后遵守竞业限制义务的情况，裁定用人单位支付相应的竞业限制补偿金。但须注意的是，此时即使做出裁决，在劳动者不主张解除竞业限制协议的情况下，双方仍需按竞业限制协议约定继续履行相应义务。

第五篇

劳动及人事关系相关问题

问题 45

公司股东承担公司实际工作任务，与公司有劳动关系吗？

1. 股权关系与劳动关系并非排斥关系，股东与公司是否形成劳动关系，还是要依据劳动关系的特征来进行判断。公司股东应当按照股权协议或者公司章程，依法通过股东会或者股东大会，对公司行使相应权利。此类人员一般虽受公司管理制度约束，但不参与日常工作，主要是按照股东会、董事会议事规则行事，其股东权利应当限于《中华人民共和国公司法》列明范围之内，其工作内容并非公司业务范畴。

2. 实践中，用以判断劳动关系是否存在的依据主要是劳动和社会保障部 2005 年发布的《关于确立劳动关系有关事项的通知》。

3. 如果公司与股东之间并无严格工作考勤、考核约束，资金往来也仅限于股东分红或投资收益等，那么双方就不应被认定存在劳动关系。

问题 46

用人单位使用自带生产工具的劳动者，是否就不存在劳动关系？

1.《关于确立劳动关系有关事项的通知》第一条规定，用人单位招用劳动者未订立书面劳动合同，但同时具备下列情形的，劳动关系成立。①用人单位和劳动者符合法律、法规规定的主体资格。②用人单位依法制定的各项劳动规章制度适用于劳动者，劳动者受用人单位的劳动管理，从事用人单位安排的有报酬的劳动。③劳动者提供的劳动是用人单位业务的组成部分。

2.根据以上规定，认定劳动关系的三个条件中并没有关于劳动工具归属的内容。而且，如果证明劳动工具系劳动者所有，用人单位还需支付相应租金或者使用费用。

3.所以，认定劳动关系应当从实质出发，而不是仅看外在形式。

 问题 47

经过职工大会表决，是否可以直接变更职工的劳动关系？

1.实践中，不少公司在进行公司分立、合并时，仅通过民主程序决议，就安排职工转签到其他公司，以此来达到变更劳动关系的目的。这种做法是不完全正确的。

2.公司合并情况下，由于合并后的公司（无论是吸收合并还是新设合并）在法律上要概括承受合并前公司的全部债权、债务，也就当然要保证原公司全部职工的劳动关系平稳过渡。

3.公司分立情况下，分立后的公司与原公司的哪部分职工继续签订劳动合同，需要结合职工本人意愿来处理。经过职工大会等民主形式的决议仅仅是一个具有指导性的意见，如果职工不同意，那么就不能当然认定劳动关系直接变更。

 问题 48

用人单位使用其他单位已经"内退"的劳动者，构成劳务关系吗？

1.所谓"内退"，是指内部退养。内部退养人员仍是在职职工，所以身份上还是"单位人"，根据与用人单位之间订立的有关协议领取生活费，用人单位和个人仍需按规定缴纳社会保险费。

2.实践中，很多人把内部退养当成是提前退休，但这二者是截然不同的。首先，内部退养人员还没有达到法定退休年龄，没有办理退休手续；而提前退休是在特殊情况下，依照相关规定办理正式退休的人员。其次，内部退养人员从用人单位领取生活费，而提前退休人员享受的是养老保险待遇。最后，内部退养人员仍然处于劳动权利年龄阶段，而提前退休人员不能按照劳动者对待。

3.《最高人民法院关于审理劳动争议案件适用法律问题的解释（一）》第三十二条第二款规定，企业停薪留职人员、未达到法定退休年龄的内退人员、下岗待岗人员以及企业经营性停产放长假人员，因与新的用人单位发生用工争议而提起诉讼的，人民法院应当按劳动关系处理。因此，用人单位使用其他单位的"内退"人员，按照双方存在劳动关系对待。

问题 49

工程项目部能否与使用的劳动者建立劳动关系？

1.实践中，项目部是由工程总承包企业或建筑施工企业为完成工程项目而设立，依据企业法定代表人的授权而对项目进行管理的组织。因此，项目部及其负责人对工程进行管理的行为，其法律后果应当由企业来承担。

2.《中华人民共和国劳动合同法实施条例》第四条规定，劳动合同法规定的用人单位设立的分支机构，未依法取得营业执照或者登记证书的，受用人单位委托可以与劳动者订立劳动合同。

3.因此，《关于确立劳动关系有关事项的通知》中确立劳动关系成立的要素规定，工程项目部可以与使用的劳动者建立劳动关系。

问题 50
事业单位在编人员服务期未满就辞职的，是否应当返还培训费用？

1. 实践中，一些事业单位在公开招聘在编的专业技术人员时，往往都会本着事业发展需要，与应聘者签订协议，约定一定的工作年限或者安排培训后的最低工作年限。若双方订立此类协议，且协议不存在欺诈、胁迫、乘人之危等导致无效的情形，则双方应当共同遵守此协议。

2. 依据《关于在事业单位试行人员聘用制度意见的通知》规定，受聘人员经聘用单位出资培训后解除聘用合同，对培训费用的补偿在聘用合同中有约定的，按照合同的约定补偿。又根据《关于印发〈事业单位试行人员聘用制度有关问题的解释〉的通知》规定，在聘用合同中对培训费用有约定的，按约定收取培训费，但不得超过培训的实际支出，并按培训结束后每服务一年递减20%执行。

3. 因此，如果该应聘者入职入编后，违反协议约定的工作年限要求，则应当依法按照其已经工作的年限，返还事业单位对应的培训费用。

问题 51
如何判断用人单位与劳动者建立的是人事关系？

1. 实践中，有部分国企的下属单位为事业单位，其用工形式既有在编人事关系，又有非在编劳动关系。在两种用工形式并存的情况下，用人单位的管理方式也大不相同。

2. 一般来说，劳动关系和人事关系有以下区别：

（1）劳动关系的主体包括企业、个体经济组织、民办非企业单位等组织以及国家机关、事业单位、社会团体和与其建立劳动关系的劳动者；人事关系的主体包括事业单位、社会团体和与其建立人事关系的工作人员。

（2）劳动关系主体双方签订的是劳动合同，建立的是劳动关系；人事关系主体双方签订的是聘用合同，建立的是人事关系。

（3）劳动争议主要适用《劳动法》《劳动合同法》等法律。人事争议主要适用《事业单位人事管理条例》《关于在事业单位试行人员聘用制度的意见》等规定。

3. 实践中，裁审机构判断双方是否具有人事关系的关键点是：

（1）用人单位是主管机构编制委员会确定的事业单位；

（2）用人单位招聘行为符合事业单位公开招聘程序；

（3）劳动者入职用人单位时有主管人社部门的干部调配文件说明；

（4）劳动者入职岗位符合该事业单位岗位设置；

（5）双方签订的是聘用合同，合同同时约定了人事争议处理条款。

4. 如用人单位管理符合认定人事关系要件，那么在处理与劳动者之间的人事争议时，应当按照人事争议处理规则执行。如人事争议缺少相关规则，则参照劳动争议处理规则执行。

问题 52

事业单位能够随时解除试用期人员的聘用合同吗？

1. 事业单位的用人情况较为复杂，除了事业单位直接签订聘用合同的在编人员之外，还存在非事业单位编制用工情况，一般包括劳动合同制员工、劳务派遣员工、其他单位借调人员、上级单位或者机关委派挂职人员、外包服务人员等。实践中，处于事业单位人事管理权限范围或者受事业单位直接管理的人员，主要是与本单位签订聘用合同的在编人员与劳动合同制员工。这两种用工形式，又由于其本身订立合同的性质及人员编制情况分为人事关系与劳动关系两类。

2. 与通过用工建立劳动关系的劳动合同制员工不同的是，建立人事关系的在编人员是以订立聘用合同为标志。因此二者的管理方式也大不相同。如果事业单位的劳动合同制员工处于试用期，事业单位可以依据《劳动合同法》相关规范，以"试用期不符合录用条件"为由，随时解除劳动合同，并无须支付经济补偿；但如果事业单位想与处于试用期的在编人员解除劳动合同，则需要按照相关人事管理规范处理。这里需要考虑几个问题：

（1）一般试用期的期限是多久？

《事业单位人事管理条例》规定，初次就业的工作人员与事业单位订立的聘用合同期限3年以上的，试用期为12个月。《劳动合同法》规定，劳动合同期限三个月以上不满一年的，试用期不得超过一个月；劳动合同期限一年以上不满三年的，试用期不得超过二个月；三年以上固定期限和无固定期限的劳动合同，试用期不得超过六个月。

（2）聘用合同的签订流程是什么？

由于事业单位人事管理的特殊性，事业单位在公开招聘后、签订聘用合同前，需要将招聘结果按照干部人事管理权限的规定报批或备案。经批准后，用人单位法定代表人或者其委托人与受聘人员签订聘用合同，才能确立人事关系。

(3)事业单位在编人员在试用期解除聘用合同的程序和条件有哪些?

如上所述,事业单位在编人员的试用期管理有别于劳动合同制员工,其解除聘用合同的事由大体可分为两类:一是考核管理类,即对在试用期内被证明不符合本岗位要求又不同意单位调整其工作岗位的,聘用单位可以随时单方面解除聘用合同;二是行政处分类,即当在编人员受到开除处分或者出现旷工达到一定天数等其他足以解除聘用合同的情形时,事业单位也可以随时单方面解除聘用合同。

3.需要注意的是,事业单位工作人员受到开除处分后,事业单位应当及时办理档案和社会保险关系转移手续。

第六篇

劳动争议相关问题

问题 53

用人单位违法超期约定试用期，有什么后果？

1.违法超期约定的试用期，不能被认定为法定的试用期。因此，不能用试用期考核的相关条款处置劳动者。

2.违法超期约定的试用期支付的工资低于转正后的工资差额，用人单位应当补发。

3.《劳动合同法》第八十三条规定，用人单位违反本法规定与劳动者约定试用期的，由劳动行政部门责令改正；违法约定的试用期已经履行的，由用人单位以劳动者试用期满月工资为标准，按已经履行的超过法定试用期的期间向劳动者支付赔偿金。这里的"试用期满月工资"，应理解为转正后的工资。

问题 54

劳动争议是否适用约定管辖有关规定？

1.《劳动争议调解仲裁法》第二十一条规定，劳动争议由劳动合同履行地或者用人单位所在地的劳动争议仲裁委员会管辖。双方当事人分别向劳动合同履行地和用人单位所在地的劳动争议仲裁委员会申请仲裁的，由劳动合同履行地的劳动争议仲裁委员会管辖。《劳动争议调解仲裁法》和最高人民法院司法解释均没有按照民事诉讼法有关规定来规定劳动争议案件的约定管辖，因此，劳动关系双方即使有关于约定管辖的合同条款，也会因违反法律的强制性规定而无效。

2.对于劳动合同履行地的确定问题，实践中，一般认为劳动合同属于合同的一种类型,合同履行地即合同约定的履行义务地点,主要指合同标的物交付地。劳动关系中,劳动者的义务是提供劳动,用人单位的主要义务是支付工资并缴纳各项社会保险费。因此,劳动合同履行地即是劳动义务的交付地。

3.《最高人民法院关于审理劳动争议案件适用法律问题的解释(一)》第三条规定,劳动争议案件由用人单位所在地或者劳动合同履行地的基层人民法院管辖。劳动合同履行地不明确的,由用人单位所在地的基层人民法院管辖。

问题 55

用人单位如何确保绩效考核结果得到劳动仲裁机构或法院的支持?

1.考核制度必须明示。制定并履行考核制度的前提是,该考核制度经过民主程序制定并已向员工进行了公示。很多关于考核问题引发的争议往往与考核制度的内容不够量化、客观有关。绩效考核需要结合员工的工作行为、效果以及对用人单位的贡献来综合进行评价。绩效考核事关绩效工资的发放,关乎员工的切身利益,因此考核制度的内容应当尽可能量化,增加考核指标的可行性和客观性,避免无法衡量的主观性指标。

2.考核制度的执行应当具有完备的考核流程。必须依据明确的量化性的考核标准,对员工的工作内容和成果进行客观评价。为了确保考核的公正性和准确性,应尽可能地将考核细化到每一个具体行为的考核积分,并且考核的过程也要以让员工看得见的方式进行。

3.考核结果要透明,给员工申诉的机会。要允许员工在一定期限内就考核结果提出异议并说明理由,这样更能在程序上增加考核结果的合法性。

问题 56

用人单位注销营业执照后,是否不用对劳动者承担任何责任?

1.实践中,有些国企的下属单位长期没有业务经营,人员流失严重,属于低效企业。此时,该国企出于做优做强企业的需要,会根据实际情况做出终止经营、注销营业执照的决定。此时,用人单位可能会认为只要注销了营业执照,就无需对劳动者承担责任了。这种看法是错误的。

2.《劳动合同法》第四十四条规定,用人单位被依法宣告破产的,用人单位被吊销营业执照、责令关闭、撤销或者用人单位决定提前解散的,劳动合同终止。换言之,用人单位注销营业执照之前,应当通过股东会或者经上级主管部门决定提前解散,此时全体劳动者的劳动合同终止。但用人单位应当根据《劳动合同法》第四十六条的规定,向劳动者支付经济补偿。用人单位在注销前,应当成立清算组,依法对包括劳动者的债权债务,尤其是遗留社会保险等问题进行处理。如用人单位没有承担相应责任,不仅将无法注销,解散出资人、开办单位或者主管部门也将作为未来劳动争议的共同当事人,承担连带责任。

3.建议用人单位在解散注销之前,结合现有用工情况,通盘考虑人工成本在不同处理方式下的差异和相关社会影响,选择妥善的处理方式。

问题 57

劳动者在用人单位各关联企业工作，工作年限怎么计算？

1.《最高人民法院关于审理劳动争议案件适用法律问题的解释（一）》第四十六条规定，劳动者非因本人原因从原用人单位被安排到新用人单位工作，原用人单位未支付经济补偿，劳动者依据《劳动合同法》第三十八条规定与新用人单位解除劳动合同，或者新用人单位向劳动者提出解除、终止劳动合同，在计算支付经济补偿或赔偿金的工作年限时，劳动者请求把在原用人单位的工作年限合并计算为新用人单位工作年限的，人民法院应予支持。用人单位符合下列情形之一的，应当认定属于"劳动者非因本人原因从原用人单位被安排到新用人单位工作"：

（1）劳动者仍在原工作场所、工作岗位工作，劳动合同主体由原用人单位变更为新用人单位；

（2）用人单位以组织委派或任命形式对劳动者进行工作调动；

（3）因用人单位合并、分立等原因导致劳动者工作调动；

（4）用人单位及其关联企业与劳动者轮流订立劳动合同；

（5）其他合理情形。

2. 根据上述规定，劳动者在用人单位各关联企业连续流动工作，如果是因为工作调动等被动原因，那么劳动者在各单位的工作年限应当认定为连续工作年限。那么将来该劳动者无论从哪个企业离职，如果符合领取经济补偿金的条件，则应当将其全部工作年限都计算进来。

3. 需要说明的是，若劳动者在各单位工作期间，因个人原因离职，后又重新进入系统内关联企业就业，则其经济补偿工作年限即从再次入职起算。

4.操作中建议用人单位在劳动者流转工作时,签订确认流转方式、原单位工作年限等相关信息的文件,并由劳动者和原单位确认为宜。

 问题58

劳动者未签订劳动合同,用人单位是否就要支付双倍工资?

1.《劳动合同法》实施以来,用人单位不与劳动者订立劳动合同,就要承担双倍工资的相关规定,日益深入人心。这既推动了劳动合同签订常态化,又促使用人单位建立完善的劳动合同管理制度。但是,在实践中因未签订劳动合同而发生的劳动争议,仍不在少数。

2.劳动者没有签订劳动合同,用人单位在以下情况下,并不一定要支付双倍工资:

(1)虽然双方没有签订劳动合同,但在劳动者入职前,双方曾订立过足以覆盖劳动合同必备条款的协议或者录用文件;

(2)劳动者本人对没有签订劳动合同,负有管理职责,如劳动者本人是人事经理或者单位负责人等;

(3)劳动者恶意破坏、藏匿已经订立的劳动合同,用人单位有证据证明的;

(4)劳动合同有自动续期约定条款的;

(5)劳动合同到期时,处于法定顺延情况的;

(6)劳动者入职一个月内没有签订劳动合同,用人单位通知终止劳动关系的。

3.为了避免发生这种支付双倍工资风险,建议用人单位采取以下措施：

（1）建立职工名录与劳动合同备案管理联动机制，形成劳动合同到期预警制度；

（2）明确用工部门履行签订劳动合同的主体责任，确保劳动合同订立过程真实、有效；

（3）明确重点人员的劳动合同订立权限；

（4）严格保管已经签字盖章的书面劳动合同。

4.实践中，某些工作地域广泛的国企在异地用人订立劳动合同时，也可以考虑使用电子劳动合同方式，以保证劳动合同及时有效签订。

问题 59

用人单位进行经济性裁员应注意什么？

1.近年来，国企在清理僵尸低效企业时，往往会采取经济性裁员的方式。然而，在操作过程中需要综合评估的事项较多，稍有不慎，容易造成群体性纠纷。

2.用人单位因运营出现问题进行经济性裁员，需要严格遵守裁员的前置程序，否则就会因程序违法而被认定违法解除劳动合同，要向被裁职工支付赔偿金。因此，用人单位启动经济性裁员程序时，需要注意以下几点：

（1）用人单位具备裁员的法定情形（经营困难、破产重组等）；

（2）裁员人数达到法定标准；

（3）用人单位决策机构决定启动裁员，并明确裁员人数、裁员范围等事项；

（4）用人单位提前30日向工会或者全体职工说明情况，听取工会或者职工的意见；

（5）用人单位形成裁减人员方案后，向劳动行政部门报告。

3.用人单位启动裁员程序前，需要认真考虑禁止裁员和优先留用的人员范围，做好人员分流安置方案，完善引导调解话术，设置相应预案，尽可能减少过于激烈的对抗。

第七篇

日常管理相关问题

问题 60

用人单位安排加班却不批准劳动者的加班申请，是不是可以避免加班认定？

1. 加班申请和相关审批是证明加班事实的关键证据之一，但并非唯一证据。

2. 劳动者还可以通过提交考勤记录、微信聊天记录、加班邮件等证据证明加班事实的存在。

3. 实践中，裁审机构会围绕加班事实，审查双方证据，综合判断是否存在加班情况。因此，用人单位企图以不批准加班申请来避免加班认定的做法是错误的。

 问题 61

实行计件工资制的劳动者加班，用人单位就无需支付加班费了吗？

1. 计件工资制是指按照合格产品的数量和预先规定的计件单位来计算工资的制度。实践中有观点认为，计件工资制是根据劳动者的工作量计算工资，多劳多得，不存在加班费；也有观点认为，劳动者在法定工作时间外完成的工作量对应的工资报酬就是加班费，无需另付。这两种观点都是不正确的。

2.《劳动法》第三十七条规定，对实行计件工资的劳动者，用人单位应当根据标准工时制度合理确定其劳动定额和计件报酬标准。《工资支付暂行规定》第十三条规定，实行计件工资的劳动者，在完成计件定额任务后，由用人单位安排延长工作时间的，应根据上述规定的原则，分别按照不低于其本人法定工作时间计件单价的150%、200%、300%支付其工资。

3.实践中，计件工资制下的加班事实认定，应同时满足两个条件，一是劳动者完成劳动定额，二是用人单位安排劳动者在法定标准工作时间以外工作。也就是说，实行计件工资制的劳动者，需要同时符合"超额+超时"的"双超"标准，才能被认定为加班。

4.因此，实行计件工资制的用人单位应当合理确定相关岗位的劳动定额，并通过法定程序向人社部门备案。

问题 62

用人单位可以采取调休的方式代替支付加班费吗？

1.《劳动法》第四十四条规定，有下列情形之一的，用人单位应当按照下列标准支付高于劳动者正常工作时间工资的工资报酬：

（1）安排劳动者延长工作时间的，支付不低于工资的150%的工资报酬；

（2）休息日安排劳动者工作又不能安排补休的，支付不低于工资的200%的工资报酬；

（3）法定休假日安排劳动者工作的，支付不低于工资的300%的工资报酬。

2.用人单位如果安排劳动者延长工作时间和法定休假日加班，必须按照法定标准支付加班工资。不论劳动者是否同意，都不能通过调休的方式代替支付劳动者加班工资；休息日加班的，用人单位可先安排补休，在不能安排补休的情况下再支付加班费。也就是说，只有休息日加班才可以用倒休或调休方式代替支付加班费。

3.以上分析仅适用于标准工时制岗位。

问题 63

用人单位支付劳动者未休年休假补偿，应该按照其日工资收入的 3 倍算吗？

1. 用人单位应当依法在一个公历年度内保障劳动者享受法定带薪年休假，并做好休假安排和考勤记录。

2. 如确实无法安排劳动者休假，则应当按照未休年休假天数 × 劳动者日工资收入 200% 计算未休年休假工资。这是因为，虽然根据《企业职工带薪年休假实施办法》第十条规定，用人单位应当按照劳动者日工资收入的 300% 支付未休年休假工资报酬。但是该工资报酬中已经包含用人单位支付劳动者正常工作期间的工资收入。

3. 需要说明的是，计算未休年休假工资报酬的日工资收入按照劳动者本人的月工资除以月计薪天数（21.75 天）进行折算。

问题 64

已经享受寒暑假的劳动者，用人单位可无须安排带薪年休假吗？

1. 劳动者享受寒暑假天数多于其应当享受年休假天数的，则不享受当年的年休假。

2. 确因工作需要，劳动者享受的寒暑假天数少于其应当享受的年休假天数时，用人单位应当安排补足其年休假天数。

问题 65

享受了产假、哺乳假的女职工，当年还能享受带薪年休假吗？

1.《企业职工带薪年休假实施办法》第六条规定，职工依法享受的探亲假、婚丧假、产假等国家规定的假期以及因工伤停工留薪期间不计入年休假假期。因此，女职工享受的产假、哺乳假与当年带薪年休假不冲突。

2. 实践中，女职工在生产前后有可能还会请病假。此时需要注意，女职工请病假的时间是否达到一定天数，如果达到相应标准的，则不能享受当年的带薪年休假；如果已经休完了当年的带薪年休假，则不能再享受下一年度的带薪年休假。

 问题 66

职工不主动申请带薪年休假，能否视为主动放弃？

1.《职工带薪年休假条例》第五条第一款规定，单位根据生产、工作的具体情况，并考虑职工本人意愿，统筹安排职工年休假。

2. 鉴于用人单位要统筹安排职工年休假的规定，用人单位同时享有单方决定安排劳动者带薪年休假的权利和负有主动安排职工年休假的义务。表现为：

（1）用人单位安排职工年休假时，可以与职工协商，但并未要求"协商一致"，因此即使职工不同意，也可安排职工休假。如，春节前后用人单位统一安排年休假的做法，就属此类。

（2）用人单位不能将安排年休假的义务转移给职工，不能以职工提出申请为前提。用人单位未安排职工年休假导致职工未享受年休假待遇的，应当支付年休假工资报酬。

3.《企业职工带薪年休假实施办法》第十条第二款规定，职工因本人原因且书面提出不休年休假的，用人单位可以只支付其正常工作期间的工资收入。也就是说，职工放弃年休假权利，应当以书面方式提出，用人单位不能将职工没有申请休假视为默认放弃。

 问题 67

用人单位认为劳动者工作不称职，就单方强行调整工作岗位，合法吗？

1. 一般来说，用人单位应当与劳动者协商一致，采用书面形式变更劳动合同约定的内容。但是实践中，用人单位如果与劳动者协商不成，就要结合法律规定或者劳动合同约定来调整岗位。

2. 如果用人单位认为劳动者工作不称职，应当证明劳动者"不能胜任工作"。只有提供劳动者的岗位职责、考核标准、考核结果等证据，综合证明劳动者不能继续在原工作岗位工作，那么用人单位才可以单方调整劳动者工作岗位，否则就是违法的。

 问题 68

因业务收缩，安排劳动者同时兼任两个岗位的工作，合法吗？

1. 一般来说，如果用人单位安排劳动者增加工作内容、调整工作职责，需要和劳动者协商一致后实施。

2. 如果双方无法达成一致，则实践中一般会考虑用人单位增加的工作内容是否超出劳动者职责范围或者专业能力。如果超过，则会被认定为调整岗位、变更劳动合同；反之，裁审机构会结合劳动者的岗位职责说明综合研判。

3.不论是调整岗位还是增加工作内容，用人单位都应该结合薪酬绩效等相关制度，使劳动者的工作职责与其劳动报酬相匹配。

4.需要特别说明的是，这种工作调整还需考察是否存在违反相关法律法规的情形。例如，《中华人民共和国会计法》第三十五条规定，出纳人员不得兼任稽核、会计档案保管和收入、支出、费用、债权债务账目的登记工作。又如，《企业工会主席产生办法（试行）》规定，企业行政负责人（含行政副职）、合伙人及其近亲属，人力资源部门负责人，外籍职工不得作为所在企业工会主席候选人。

问题 69

劳动者不办理离职交接，用人单位是不是可以不支付经济补偿金？

1.《劳动合同法》第五十条第二款规定，劳动者应当按照双方约定，办理工作交接。用人单位依照本法有关规定应当向劳动者支付经济补偿的，在办理工作交接时支付。因此，用人单位可以在劳动合同或者规章制度中明确要求劳动者在办理完工作交接后，才能获得经济补偿金。

2.实践中，不少用人单位与劳动者在签订离职协议时，往往会注明"双方再无争议"。如有此约定，那么裁审机构就会认为双方已经完成离职交接。对此，用人单位应当在离职交接流程办理完毕后，再订立离职协议。

3.建议用人单位通过规章制度把工作交接流程、事项和表单公示告知劳动者，以此作为处理劳动关系的依据。

问题 70
关联企业混同用工，是否有风险？

1.关联企业指两个以上相互之间存在直接或间接控制关系或重大影响关系，但彼此保持独立法人资格的用工主体。

2.根据相关规定，以下情况在实践中会被裁审机构认定为关联企业：

（1）相互直接或者间接持有其中一方的股份总和达到四分之一及以上的。

（2）直接或间接同为第三方所拥有或控制股份达到四分之一及以上的。

（3）企业与另一企业之间借贷资金占企业自有资金二分之一及以上。

（4）企业的董事或经理等高级管理人员一半以上或有一名常务董事是由另一企业所委派的。

（5）对企业生产经营、交易具有实际控制的其他利益上相关联的关系，包括家庭、亲属关系。

3.实践中，相互关联的企业虽是两个不同的法人，具有独立的用人主体资格，但两家企业的法定代表人若系亲属关系且交叉任职，经营场所也在同一地点，经营业务范围基本相同，就可以认定两家企业系关联企业。

4.《劳动合同法》规定，劳动者可以同时与两个以上用人单位存在劳动关系。因此，如果劳动者同时向两家关联企业主张权利，则仲裁机构可以要求两家企业承担连带责任。

问题 71

企业共享用工需要注意什么?

1. 根据《关于做好共享用工指导和服务的通知》，原企业与劳动者协商一致，将劳动者安排到缺工企业工作，不改变原企业与劳动者之间的劳动关系的做法，称为共享用工。《工伤保险条例》第四十三条第三款规定，职工被借调期间受到工伤事故伤害的，由原用人单位承担工伤保险责任，但原用人单位与借调单位可以约定补偿办法。

2. 共享用工是借出企业与借入企业之间自行调配人力资源、解决特殊时期用工问题的应急措施。劳动力富余企业将与之建立劳动关系的劳动者借调至缺工企业工作，劳动力与借出企业的劳动关系不发生改变，借入企业与借出企业签订协议明确双方的权利义务关系。共享用工模式下借出企业不得以营利为目的借出劳动者，且劳动者与借出企业和借入企业之间不形成双重劳动关系。

3. 建议借出企业与借入企业通过签订共享用工合作协议，明确调剂劳动者的数量、时间、工作地点、工作内容、休息、劳动保护条件、劳动报酬标准和支付时间与方式、食宿安排、劳动者退回的情形、劳动者发生工伤后的责任划分和补偿办法以及交通等费用结算方法等，明确双方的权利义务。

问题 72

用人单位的考勤记录必须经劳动者签字认可才有效吗?

1. 考勤记录是用人单位用以记载劳动者出勤、加班、请假、旷工等相关情况的文件，是体现用人单位管理权的重要载体。考勤时间由用人单位设定，考勤记录由用人单位负责收集管理。

2.《中华人民共和国劳动争议调解仲裁法》(简称《劳动争议调解仲裁法》)第六条规定，发生劳动争议，当事人对自己提出的主张，有责任提供证据。与争议事项有关的证据属于用人单位掌握管理的，用人单位应当提供；用人单位不提供的，应当承担不利后果。显然，考勤记录是用人单位掌握的重要证据。

3.实践中用人单位大多采用打卡考勤、指纹考勤、电脑考勤、人脸识别考勤，但是在劳动争议案件审理中，仅提供由用人单位盖章确认而没有劳动者确认的考勤表，是不会被裁审机构认可的。

4.因此，用人单位应在规章制度中明确规定加班的审批制度等相关程序，并建立劳动者对考勤记录的定期签字确认制度，以确保考勤证据的有效性。

问题 73

用人单位与劳动者协商一致，就可以延长试用期吗？

1.试用期是用人单位和劳动者为相互了解、建立互信、双向选择而在劳动合同中约定的考察期。《劳动合同法》第十九条规定，劳动合同期限3个月以上不满1年的，试用期不得超过1个月；劳动合同期限1年以上不满3年的，试用期不得超过2个月；3年以上固定期限和无固定期限的劳动合同，试用期不得超过6个月。

2.根据相关法律规定，试用期约定有如下限制：

（1）试用期最长不得超过6个月。即自用工之日起，试用期不得超过6个月。

（2）同一用人单位与同一劳动者只能约定一次试用期。如果用人单位与劳动者在续签劳动合同时又约定试用期,那么就是违法的。

问题 74

劳动者辞职,用人单位可以不支付经济补偿金吗?

1. 劳动者辞职在法律上是指劳动者以个人意愿单方解除劳动合同。按照法律规定,只要劳动者以书面形式提前30日向用人单位提出辞职申请即可实现解除劳动合同的目的。

2. 辞职在实践中,可能会被理解为"辞去职务"或"辞去工作",两者内涵截然不同,因此用人单位在拿到劳动者的辞职文件时需要认真审查。

3.《劳动合同法》第三十八条规定,用人单位有下列情形之一的,劳动者可以解除劳动合同:

(1)未按照劳动合同约定提供劳动保护或者劳动条件的;

(2)未及时足额支付劳动报酬的;

(3)未依法为劳动者缴纳社会保险费的;

(4)用人单位的规章制度违反法律、法规的规定,损害劳动者权益的;

(5)因以欺诈胁迫的手段或者乘人之危,使对方在违背真实意思的情况下订立或者变更劳动合同致使劳动合同无效的;

(6)法律、行政法规规定劳动者可以解除劳动合同的其他情形。

用人单位以暴力、威胁或者非法限制人身自由的手段强迫劳动者劳动的,或者用人单位违章指挥、强令冒险作业危及劳动者人身安全的,劳动者可以立即解除劳动合同,不需事先告知用人单位。

4.一般来说，劳动者以个人原因单方解除劳动合同的，用人单位无须支付经济补偿金。但是劳动者以用人单位存在以上过错而辞职的，用人单位就需要支付劳动者相应经济补偿金。

问题 75

用人单位能否全额扣除违纪劳动者的工资？

1.《中华人民共和国劳动法》(以下简称《劳动法》)第五十条规定，工资应当以货币形式按月支付给劳动者本人，不得克扣或者无故拖欠劳动者的工资。

2.《工资支付暂行规定》第十六条规定，因劳动者本人原因给用人单位造成经济损失的，用人单位可按照劳动合同的约定要求其赔偿经济损失。经济损失的赔偿，可从劳动者本人的工资中扣除，但每月扣除的部分不得超过劳动者当月工资的20%。若扣除后的剩余工资部分低于当地月最低工资标准，则按最低工资标准支付。

3.用人单位在劳动者违纪证据确凿的情况下，依法解除劳动合同，行使管理自主权理应得到支持。但是，该项权利并不能剥夺劳动者因提供劳动而应当获得的工资。劳动者的违纪行为给用人单位造成损失的，用人单位应当依法扣除损失。

问题 76

用人单位搬迁，是否必须向劳动者支付经济补偿金？

1.受经济环境影响或者行政政策要求，用人单位搬迁可能在本行政区或者跨行政区进行。裁审机构在处理类似案件时，一般既要尊重用人单位的经营自主权，又要保护劳动者的合法权益，因此会根据搬迁的距离、用人单位是否提供交通工具、交通补贴及是否调整工作时间等因素，判断是否会对劳动者造成实质影响，是否会影响到劳动合同的履行。

2. 为了避免发生大规模纠纷，建议用人单位在搬迁之前，设计好搬迁条件，比如提供往返交通班车、提供休假补偿，甚至提供住宿等。然后，形成搬迁方案，通过民主程序向劳动者征求意见并积极收集反馈信息。最后，对搬迁后的岗位安排情况进行说明并签订劳动合同变更协议书。

3. 实践中，有部分劳动者不接受用人单位搬迁，用人单位则须判断搬迁是否会导致劳动合同无法履行。如是，则用人单位可以考虑给予离职经济补偿金或安排待岗。否则劳动者限期内不到岗上班，就属于旷工。

问题 77

适用不定时工时制的职工，企业还能对其进行考勤管理吗？

1.《劳动法》第三十九条规定，企业因生产特点不能实行该法第三十六条、第三十八条规定的，经劳动行政部门批准，可以实行其他工作和休息办法。《关于企业实行不定时工作制和综合计算工时工作制的审批办法》第四条规定，企业对符合下列条件之一的职工，可以实行不定时工作制。

（1）企业中的高级管理人员、外勤人员、推销人员、部分值班人员和其他因工作无法按标准工作时间衡量的职工；

（2）企业中的长途运输人员、出租汽车司机和铁路、港口、仓库的部分装卸人员以及因工作性质特殊，需机动作业的职工；

（3）其他因生产特点、工作特殊需要或职责范围的关系，适合实行不定时工作制的职工。

2. 不定时工作制是区别于标准工时制的一种特殊工时制，具有工作起止时间不固定、工作时长不确定等特点。这种自主机动的工作特点，导致企业无法对相关工作进行常规的考勤。所以，实践中，用人单位不能对适用不定时工时制的职工进行迟到、早退、旷工等考勤管理。

3. 以固定工作时间来约束不定时工时制的职工明显违反立法原意，但企业可以将对工作成果的绩效考核作为对不定时工作制岗位管理的依据。

问题 78

用人单位解除劳动者劳动合同时，是否都要按"N+1"支付经济补偿？

1.《劳动合同法》第四十条规定，有下列情形之一的，用人单位提前 30 日以书面形式通知劳动者本人或者额外支付劳动者一个月工资后，可以解除劳动合同：

（1）劳动者患病或者非因工负伤，在规定的医疗期满后不能从事原工作，也不能从事由用人单位另行安排的工作的；

（2）劳动者不能胜任工作，经过培训或者调整工作岗位，仍不能胜任工作的；

（3）劳动合同订立时所依据的客观情况发生重大变化，致使劳动合同无法履行，经用人单位与劳动者协商，未能就变更劳动合同内容达成协议的。

2. 根据以上规定，用人单位在依据上述三种情形与劳动者解除劳动合同时，有权选择提前 30 天通知劳动者解除或在通知解除时支付一个月的工资作为补偿。

3.实践中,除《劳动合同法》第四十条规定的情形外,用人单位以其他理由依法解除劳动合同,如协商解除、因劳动者严重违纪解除,均不需支付1个月工资补偿。

问题 79

用人单位与劳动者就劳动纠纷处理达成协议后又担心对方反悔,该怎么办?

实践中,用人单位与劳动者发生劳动纠纷时,为了避免扩大事态,尽早解决纠纷,双方会考虑订立"一揽子"协议化解纠纷。但是,达成的协议是否有效?双方是否能够遵守?对此,用人单位需要注意以下几点:

1.《最高人民法院关于审理劳动争议案件适用法律问题的解释(一)》第三十五条规定,劳动者与用人单位就解除或者终止劳动合同办理相关手续、支付工资报酬、加班费、经济补偿或者赔偿金等达成的协议,不违反法律、行政法规的强制性规定,且不存在欺诈、胁迫或者乘人之危情形的,应当认定有效。前款协议存在重大误解或者显失公平情形,当事人请求撤销的,人民法院应予支持。

2.如果用人单位对双方达成协议的有效性存在疑虑时,可以考虑申请仲裁审查或者司法确认。即双方当事人可以自协议生效之日起15日内,共同向有管辖权的仲裁委员会提出仲裁审查申请。仲裁委员会经审查认为调解协议的形式和内容合法有效的,应当制作调解书。或者双方自调解协议生效之日起30日内共同向人民法院申请司法确认,人民法院应当及时对调解协议进行审查,依法确认调解协议的效力。

3.仲裁调解书或司法确认后的调解协议自双方当事人签收后,即发生法律效力,一方当事人拒绝履行或者未全部履行调解书所约定的义务,对方当事人可以向人民法院申请强制执行。

问题 80

用人单位应如何规范学生实习?

1.根据《关于贯彻执行〈中华人民共和国劳动法〉若干问题的意见》,在校生利用业余时间勤工助学,不视为就业,未建立劳动关系,可以不签订劳动合同。

2.结合教育部门与人社部门的相关规定,用人单位需要注意以下问题:

(1)实习行为应当是具有学籍的在校生基于岗位锻炼、增加经验的目的,到用人单位指定岗位工学结合所进行的实践行为。换言之,用人单位不能以建立劳动关系、长期用工为目的,否则就违背了实习的本意。

(2)已经毕业的学生,不能以实习生的名义到单位实习。一旦用人单位使用,即存在建立事实劳动关系的风险。

(3)用人单位与在校生及其学校,应当签订三方实习协议,约定各方权利义务,特别是要明确实习生的人身意外风险管控条款。

(4)实习结束前,用人单位应当及时出具实习鉴定,并通知终止实习日期。

3.如果用人单位用人需求迫切,直接与在校生签订劳动合同,甚至为其缴纳社会保险费,则裁审机构也可能会结合实际案情,认定双方为劳动关系。

问题 81

用人单位能否规定劳动者年度内中途离职，就不再计发年终奖？

1. 年终奖的合规发放与年终奖的性质、发放周期、绩效考核因素等均有关系。实践中，年终奖一般分为三种。一是"十三薪"，即年终双薪，是指劳动者工作期满一年后，可以领取第13个月的工资。这种年终奖只与劳动者的工作时长有关。二是绩效考核奖金，此类奖金大多数用人单位会采用，是对劳动者工作业绩考核后的奖励性劳动报酬。三是奖金红包。这类年终奖并不规范，是否发、什么时候发，往往取决于用人单位的经营状况，无制度依据，因此具有较大的不确定性。

2. 从上述三种年终奖的实践上看，建议用人单位采用第二种形式，同时注意以下问题：

（1）年终奖属于奖金，是劳动报酬的一部分，应当纳入工资总额管理。那种认为年终奖不算工资的看法，是错误的。

（2）年终奖分配虽属用人单位经营自主权范畴，但是年终奖发放涉及劳动者的切身利益，因此应当通过规章制度的形式，明确考核周期、发放周期、考核因素、支付条件等。

（3）用人单位可以通过制度形式，对劳动者不符合领取年终奖的条件进行某些约束性规定，如年度考核不达标或给单位造成重大损失等。

（4）用人单位要将年终奖与工资总额限制指标、年度经营指标完成情况挂钩，并建议从劳动者所在部门及其个人两个层面合理分配年终奖。

问题 82

劳动者不辞而别，用人单位能够扣押其档案吗？

1.《劳动合同法》第五十条第一款规定，用人单位应当在解除劳动合同或者终止劳动合同时出具解除劳动合同或者终止劳动合同的证明，并在 15 日内为劳动者办理档案和社会保险转移手续。

2. 上述规定的用人单位义务是双方劳动合同解除终止后的义务，主要包括三个方面。

（1）劳动者离职时，出具离职证明。该离职证明主要记载劳动者在本单位工作期间的岗位、薪酬、年限、职务以及离职时间等，但一般不建议载明离职原因。

（2）劳动者离职当月，按照当地社保缴费规则停缴社保。

（3）劳动者离职后 15 日内，为劳动者办理档案转移手续。

3. 以上三项义务，如用人单位拒不履行或怠于履行，给劳动者造成损失的，需要予以赔偿。因此，需要特别提醒的是，为避免劳动者不配合转档而造成"死档"风险，用人单位需要事前与劳动者约定转档方式、存档机构，并获得劳动者的授权。

 问题 83

用人单位给劳动者发放的补贴，算不算工资？

1. 实践中，部分用人单位为了降低劳动者社保基数等目的，在支付给劳动者的劳动报酬中专门拿出一部分，作为定期定额的专项补贴。不少用人单位认为，这些补贴就不算工资了，而且能避税。这种观点是错误的。

2. 根据《关于工资总额组成的规定》，计入职工工资总额中的津贴和补贴，是指为了补偿职工特殊或者额外的劳动消耗和因其他特殊原因支付给职工的津贴，以及为了保证职工工资水平不受物价影响支付给职工的物价补贴。根据《〈关于工资总额组成〉的规定若干具体范围的解释》，劳动保险和职工福利、劳动保护方面的收入待遇不计入工资总额，如职工生活困难补助费、集体福利费、上下班交通补贴、冬季取暖补贴、洗理费等。

3.用人单位与劳动者因补贴发生纠纷案件时，裁审机构会综合考虑补贴的性质、科目、数额、支付形式、发放周期等因素。如果对于专款专用，劳动者不能自由支配的补贴，一般不作为工资对待；而对于以现金形式发放，劳动者可以自由支配的补贴，则可以考虑计入工资总额。如，用人单位按照职务级别给劳动者发放的通信补贴，采用通过银行打卡与工资一并发放的形式定期支付的，就会被认定为工资的组成部分。

4.建议用人单位在调整劳动者工资结构时，通盘考虑工资总额要求、内部管理需要、股权激励机制、福利平台制度等，以达到合规和优化的目的。

问题 84

劳动者离职后，在股权激励平台持有的合伙份额如何处理？

1.实践中，用人单位为了激励核心劳动者，实现利益捆绑，会通过设立劳动者持股平台的方式来分配股权。由于股权授予、转让、变现都和劳动者的在职身份直接相关，因此这种操作同时兼具公司法的管理要求，也当然受劳动法的约束。

2.为了实现对劳动者的准确激励，避免股权稀释，用人单位在进行劳动者持股方案设计时，应当从以下几个方面考虑：

（1）选取符合政策规定的企业做试点，并通过上级主管部门批准；

（2）选取本单位在职劳动者作为激励对象，并报上级主管部门备案；

（3）确定股权分配份额、分配方式、分配时间、持股平台、股权配置和退回条件，并提交董事会、股东会讨论决定；

（4）履行民主程序后公示；

（5）办理工商变更登记；

（6）与持股劳动者签订股权协议，约定持股份额、兑现条件、退出转让等条款。

3.在国企混合所有制改革推动实施劳动者持股过程中，劳动者持股既涉及实现路径选择，又涉及股权管理的问题。因此，用人单位要从持股劳动者数量、股权份额入手，选择持股平台的构建方式，兼顾持股人的税费成本，特别需要关注股权流转（认购、退出）问题。

问题 85

劳动者因履行职务给用人单位造成损失的，该怎么办？

1.实践中，劳动者在履职时违反相关制度规定，给用人单位造成损失的应当予以赔偿。但是劳动者应当如何赔偿？承担多大的责任范围？这需要用人单位结合实际情况合理确定。

2.结合司法审判情况看，劳动者对用人单位负有忠实和勤勉义务，在履职过程中存在重大过错情况下给用人单位造成损失，应根据过错原则承担相应责任。因此，用人单位处置类似事件时，应当注意：

（1）确保事件调查结果证据确凿，并经劳动者本人确认；

（2）确定造成损失的原因是否可归咎于劳动者本人；

（3）确定劳动者给用人单位造成损失时的主观状态是否存在重大过错；

（4）确定相关制度对于造成损失的标准和处理后果是否明确。

3.《工资支付暂行规定》第十六条规定，因劳动者本人原因给用人单位造成经济损失的，用人单位可按照劳动合同的约定要求其赔偿经济损失。经济损失的赔偿，可从劳动者本人的工资中扣除，但每月扣除的部分不得超过劳动者当月工资的20%。若扣除后的剩余工资部分低于当地月最低工资标准，则按最低工资标准支付。

问题 86

用人单位能否在停工停产期间停发工资？

1.近年来，由于用人单位外迁、经营转型等原因，用人单位根据自身实际，在内部实行全部或部分停工停产。那种认为用人单位在停工停产期间可以停发工资的看法，是错误的。

2.《工资支付暂行规定》第十二条规定，非因劳动者原因造成单位停工、停产在一个工资支付周期内的，用人单位应按劳动合同规定的标准支付劳动者工资。超过一个工资支付周期的，若劳动者提供了正常劳动，则支付给劳动者的劳动报酬不得低于当地的最低工资标准；若劳动者没有提供正常劳动，应按国家有关规定办理。

3.用人单位在实施停工停产措施时，需要注意以下几点：

（1）提供确需停工停产的证据，比如财务负债表、订单取消

记录、董事会决议等;

(2)确定停工停产涉及范围及人员;

(3)将停工停产公示告知劳动者,并说明工资发放标准;

(4)如需安排劳动者培训或者出勤,应制定停产期间的管理规定。

问题 87

用人单位能否要求劳动者入职时提供"无犯罪记录证明"?

1.由于我国相关法律法规中有关从业禁止的规定,因此用人单位在关键岗位招聘时,可以要求劳动者提供"无犯罪记录证明"。这里的犯罪记录是指国家专门机关对犯罪人员的客观记载。有关人员涉嫌犯罪,但人民法院尚未作出生效判决、裁定,或者人民检察院作出不起诉决定,或者办案单位撤销案件、撤回起诉、终止侦查的,属于无犯罪记录人员。换言之,除人民法院生效裁判文书确认有罪外,其他情况均应当视为无罪。

2.用人单位要求查询劳动者犯罪记录,应当注意以下几点:

(1)在劳动者入职或者调入关键岗位前进行查询,并取得劳动者的同意和授权;

(2)向单位住所地公安派出所提出申请,申请时应持单位介绍信,经办人有效身份证明,加盖单位公章的查询申请表(申请表应当列明查询事由、被查询对象身份信息以及申请查询所依据法律的具体条款),被查询对象(单位在职人员、拟招录人员)的有关材料或者被查询对象的授权材料。

3.需要特别说明的是,根据《公安机关办理犯罪记录查询工作规定》,劳动者犯罪时不满18周岁,被判处5年有期徒刑以下刑罚的，应告知单位查询对象无犯罪记录。

问题 88

用人单位担心劳动者取得北京户口就离职，能否在劳动合同中设置违约金？

1.实践中，一些北京的国企每年在招聘应届毕业生时都有一种担心，即为其办理好北京户口后，其马上离职，这样不仅造成稀缺资源的浪费，而且也增加了用人成本。于是，一些用人单位就专门与大学生达成协议，约定如果其工作年限不足约定期限，则要支付高额违约金。这样的做法，存在一定问题。

2.《劳动合同法》第二十五条规定，除该法第二十二条（培训服务期违约金）和第二十三条（竞业限制期违约金）规定的情形外，用人单位不得与劳动者约定由劳动者承担违约金。因此，如果用人单位要避免此类问题的困扰，可以考虑采取以下措施：

（1）与劳动者签订专门的补充协议，约定劳动者自用人单位为其办理完毕北京户口之日起的工作年限，并明确用人单位已付出的成本和劳动者一旦离职后的损失承担比例；

（2）协议约定的工作年限和劳动合同期限如果不一致，如何适用管理，需要事前明确。

3.实践中，虽然法律并不支持用人单位对劳动者设置法定情形之外的违约金，但是根据《民法典》确定的诚实信用原则，作为具备完全民事行为能力的当事人，在订立相关协议时，应当明确知晓相应后果，所以裁审机构一般会支持用人单位要求劳动者承担损失的主张。

4.需要特别说明的是，部分国企下属机构为事业单位，事业单位与其在编人员订立的聘用合同，在约定违约金方面并无明确限制。

问题89
女职工怀孕后不到岗，用人单位能不能进行管理？

1. 怀孕女职工因其生理机能的特点，决定了法律法规对其在劳动合同关系、工作内容、薪酬待遇等方面给予特殊保护。

2. 根据《劳动法》《女职工劳动保护特别规定》和《女职工保健工作规定》等相关规定，用人单位对怀孕女职工的特殊保护包括以下几个方面：

（1）用人单位在女职工怀孕期间，不得单方随意解除劳动合同；

（2）用人单位不得因女职工怀孕降低其工资；

（3）用人单位不得安排女职工在怀孕期间从事国家规定的第三级、第四级体力劳动强度的劳动和孕期禁忌从事的劳动；

（4）女职工妊娠满7个月，用人单位应给予工间休息或适当减轻工作；

（5）女职工产检按正常出勤对待；

（6）女职工流产或者生育，享受相应的流产假或产假。

3. 实践中，也有少数女职工认为自己怀孕就可以不接受用人单位管理，甚至不履行请假手续长期不到岗，这种观点是错误的。法律在保护女职工的同时，女职工也应遵守用人单位的规章制度。对此，用人单位在怀孕女职工合规管理方面，应当注意以下几点：

（1）制定保护怀孕女职工具体措施的同时，也要向其说明违反制度的后果；

（2）与刚刚怀孕女职工协商调整安排工作任务，重新订立符合其工作能力和现实条件的考核指标；

（3）对在有职业禁忌岗位的怀孕女职工，要协商调岗；

（4）简化怀孕女职工请假程序，对确有保胎需要的，与其达成休假协议；

（5）采取与工作表现相关的福利保障措施。

问题 90

用人单位可否把部分业务外包给个人？

1. 实践中，有的用人单位为了控制成本、提高效率，把自身部分业务外包给本单位员工或者外部自然人，由承包人承担处理劳动者全部纠纷的责任。这种做法是有一定风险的。

2. 用人单位将部分业务甚至是整个业务部门交给内部员工承包，在法律上即被认定为内部承包，这种承包不改变用人单位与内部员工之间的劳动关系，只在业务经营的盈亏结果上划分责任。

3. 如果用人单位将业务外包给内部员工，该员工为了完成业务又招用其他自然人，或者该用人单位的业务承包人本身就是外部自然人个体或集合，那么这种外包就具有较高风险。

（1）按照相关规定，具备用工主体资格的承包单位违反法律、法规规定，将承包业务转包、分包给不具备用工主体资格的组织或者自然人，该组织或者自然人招用的劳动者从事承包业务时因工伤亡的，由该具备用工主体资格的承包单位承担用人单位依法应承担的工伤保险责任。

（2）没有用工主体资格的个人承包经营者违法招用劳动者给劳动者造成损害，劳动者请求损害赔偿的，应当由发包人与承包人承担连带赔偿责任。

（3）存在发包方单位与实际施工人之间被认定为劳动关系的可能。

4. 建议用人单位在实施业务外包时，要注意审查承包人的用工资质、业务资质和实际承包能力，在外包服务中注意管理界限，并注意实际施工人的人身风险问题。

问题 91

用人单位如何判断第三方用工是"假外包、真派遣"？

1. 劳务派遣与劳务外包（业务外包）是完全不同的两种用工方式，劳务派遣是劳动力转移使用的用工方式，劳务外包（业务外包）则是项目工作委托承包的用工方式，二者从用工的形式到实质都不相同。但在实务中，尤其是《劳务派遣暂行规定》出台后，对劳务派遣的监管逐渐加强，不少用人单位为了降低人工成本、规避用工风险，采取借外包之名、行派遣之实的用工形式，形成"假外包，真派遣"。这种做法不但刻意降低人工成本，而且侵害劳动者合法权益。

2.《劳务派遣暂行规定》第二十七条规定，用人单位以承揽、外包等名义，按劳务派遣用工形式使用劳动者的，仍然按照本规定处理。

3. 实践中，用人单位在第三方用工的合规管理中，要避免"假外包、真派遣"，应注意以下几点：

（1）识别第三方用工主体签订的协议性质、名称和资质；

（2）识别签订协议内容的结算方式是"人工费+管理费"模式，还是"业务计价"模式；

（3）识别管理风险归责方式是"第三方责任全部由用工方承

担",还是"第三方自行承担";

（4）识别第三方人员的管理方式是"用工方管理",还是"第三方自管"。

问题 92
用人单位界定承揽关系与劳动关系应注意哪些要点？

1. 实践中，有不少用人单位在用工过程中，会要求劳动者自带工具进行工作。也有很多用人单位会通过业务发包的形式，招标承揽人完成相应任务。因此，用人单位在用工过程中，一旦没有把握好管理方法、程度，就容易引发关于劳动关系认定的争议。

2. 劳动关系是一种兼具人身和财产双重属性的特殊关系，劳动者的人身活动和经济联系均在一定程度上依附于用人单位。承揽关系是承揽人按照定作人的要求完成工作，交付工作成果，定作人给付报酬的合同关系。区分两者的关键在于双方主体是否有管理与被管理的从属关系，劳动者（或承揽人）是否在工作时接受用人单位（或定作人）的管理和工作安排。即承揽关系中，承揽人只要在约定的时间内完成并交付工作成果，即履行合同义务，承揽人如何安排工作进度、人手，定作人不加干涉；劳动关系中，用人单位对劳动者的工作安排、工作时间、工作地点均有具体的规定，劳动者在用人单位的指挥监督下提供劳动。

3. 实践中，裁审机构在认定法律关系时，一般不把劳动者是否自带工具作为关键因素，而是看用人单位是否对劳动者在工作时间、工作方式、工作过程上行使支配权和管理权，以此来判断双方是否存在人身和经济的从属性。

问题 93

劳动者在家猝死，用人单位该如何进行合规处理？

1.《工伤保险条例》规定，劳动者在工作时间和工作岗位，突发疾病死亡或者在48小时之内经抢救无效死亡的，视同工伤。如果劳动者系工作期间发病，回家后死亡的，一般实践中很难认定工伤。

2. 用人单位要合规处理此类劳动者患病或非因工死亡事件，需要注意以下几点：

（1）调查取证，尤其是劳动者的死亡证明、病历档案、就诊记录以及其他证人证言；

（2）如果用人单位已经缴纳工伤保险费，可以先行尝试申报工伤；

（3）如不能认定工伤，可结合商业保险的投保情况，向保险公司报案；

（4）用人单位可以向劳动者社会保险缴费的经办机构，申请遗属待遇（丧葬费和抚恤金）；

（5）协助家属办理社保退保事宜，领取劳动者个人账户存款。

3. 现实中，劳动者的死亡原因非常复杂，有的是因连续工作、透支健康导致猝死，也有的是长期不良生活习惯导致的疾病。用人单位如果对劳动者死亡存在过错，则应当按照过错程度承担责任；如劳动者的死亡与工作无关，那么用人单位就不应承担责任。

问题 94

用人单位防止劳动者入职欺诈的合规要点有哪些？

1. 劳动者入职欺诈，提交虚假材料以博得用人单位青睐，获得相应岗位后,又无法胜任的情况,实践中较为常见。劳动者的这种做法不但损害自身的诚实信用,也给用人单位造成机会损失和不利影响。

2.为了防止劳动者求职欺诈,用人单位需要注意以下几点:

(1)入职前,要求劳动者如实填报与招聘岗位要求相关的信息,并提供证明材料;

(2)要求劳动者提供与证明材料原件核对一致的复印件,并签名确认;

(3)用人单位要求提供的信息,须是与履行岗位相关的信息;

(4)向劳动者明确求职欺诈,隐瞒、虚报相关信息的后果;

(5)调查取证阶段要确保有充分的客观证据来支持指控。

3.按照相关规定,劳动者因欺诈与用人单位订立的劳动合同,自始无效。用人单位可以依据规章制度立即解除劳动合同并不承担经济补偿金,但是要支付相应的劳动报酬。劳动报酬的数额,参照本单位相同或者相近岗位劳动者的劳动报酬确定。

问题 95

用人单位使用港澳台劳动者,需要注意哪些合规要点?

1.近年来,随着内地(大陆)经济的飞速发展,港澳台人员在内地(大陆)就业人数剧增。为了畅通人才交流、促进经济互融及产业协作,人力资源社会保障部于2018年8月23日废止了《台湾香港澳门居民在内地就业管理规定》,港澳台人员在内地(大陆)就业无须再办理就业许可证。

2.在内地(大陆)求职、就业的港澳台人员,可使用港澳台居民居住证、港澳居民来往内地通行证、台湾居民来往大陆通行证等有效身份证件与用人单位订立劳动合同、缴纳社会保险费、开设工资账户等。

3.在内地（大陆）就业的港澳台人员，依法享有与内地（大陆）居民相同的劳动保障权益。

问题 96

用人单位使用外籍劳动者，应当注意哪些合规要点？

1.《最高人民法院关于审理劳动争议案件适用法律问题的解释（一）》第三十三条规定，外国人、无国籍人未依法取得就业证件，即与中华人民共和国境内的用人单位签订劳动合同，当事人请求确认与用人单位存在劳动关系的，人民法院不予支持。持有外国专家证并取得外国人来华工作许可证的外籍劳动者，与中华人民共和国境内的用人单位建立用工关系的，可以认定为劳动关系。

2.用人单位需要了解，根据《中华人民共和国出境入境管理法》，以下情形属于非法就业：

（1）未按照规定取得工作许可和工作类居留证件在中国境内工作的；

（2）超出工作许可限定范围在中国境内工作的；

（3）外国留学生违反勤工助学管理规定，超出规定的岗位范围或者时限在中国境内工作的。

3.用人单位使用外籍劳动者时应当注意：

（1）外籍劳动者要符合《外国人在中国就业管理规定》规定的就业条件；

（2）应当与外籍劳动者签订劳动合同，并办理外籍劳动者工作许可证和工作类居留证件；

（3）除少数与我国签订社保互免协议的国家外，外籍劳动者应当在我国依法参加社会保险。

问题 97

用人单位处置性骚扰事件,应当注意哪些合规要点?

1.《女职工劳动保护特别规定》规定,在劳动场所,用人单位应当预防和制止对女职工的性骚扰。《民法典》第一千零一十条第二款规定,机关、企业、学校等单位应当采取合理的预防、受理投诉、调查处置等措施,防止和制止利用职权、从属关系等实施性骚扰。

2.根据上述规定,用人单位有义务保障处于隶属关系、同事关系的劳动者的人身健康安全,避免发生性骚扰。应当注意:

(1)制定禁止职场性骚扰的规章制度,明确性骚扰的定义、情形和相应后果;

(2)除必要的私密场所外,尽量构建开放透明的工作环境;

(3)加强防止性骚扰的宣传培训,形成积极健康的工作氛围,畅通受害人的投诉渠道;

(4)建立处置性骚扰事件的专门机构,负责调查和处理,实现全过程保密。

3.用人单位调查处理性骚扰时,应当在证据确凿的情况下再做出相应处理,避免发生违法解除劳动合同的法律风险,同时对相关人员的个人信息和隐私进行保护,避免引发名誉权、隐私权、个人信息泄露纠纷。

问题 98

女性劳动者离职,用人单位应当注意哪些合规要点?

1.与男性劳动者的生理功能不同,女性劳动者在处于孕期、产期、哺乳期时，受到法律的特殊保护。这种特殊保护并非无限度的保护，而是对处于"三期"期间的女性劳动者的劳动关系存续予以特别保护，比如不得随意降低其薪酬、不得安排对应期间的加班或夜班、要给予特别的劳动保护等。

2. 根据《劳动合同法》的相关规定，劳动者处于孕期、产期、哺乳期时，用人单位不得依据第四十条、第四十一条的规定解除劳动合同，即使劳动合同到期，也要顺延至相应情形结束为止。

3. 由于女性劳动者是否处于"三期"需要医学检查予以证明，且检查时间很可能与离职时间发生错位。因此，用人单位要特别注意以下几点：

（1）女性劳动者因严重违纪等过错原因被解除劳动合同的，可以不考虑"三期"问题。

（2）女性劳动者因与用人单位协商解除劳动合同的，其是否处于"三期"，实践中一般不影响劳动合同的解除效力。

（3）若女性劳动者劳动合同到期终止，则建议用人单位在通知终止劳动合同时，让劳动者申明自身身体状况，主动排查其是否处于孕期、产期、哺乳期，避免被认定为违法终止劳动合同。

问题99

用人单位确认劳动者退休年龄时，应当注意哪些合规要点？

1. 根据现行退休政策，男性劳动者的法定退休年龄是60周岁；女工人年满50周岁，女干部年满55周岁达到退休年龄。《劳动合同法实施条例》规定，劳动者达到法定退休年龄的，用人单位可以终止劳动合同。

2. 实践中，退休审批操作流程是由劳动者提出申请发起的，一旦劳动者与用人单位发生退休年龄确认纠纷，裁审机构就会通过调查劳动者年龄、档案记载、工作岗位、社保记录等确认劳动者的退休年龄。

3.用人单位在处理退休纠纷时，应当注意以下几点：

（1）审查劳动者的全部劳动合同，如存在工作调动等情形的，也需一并调查；

（2）审查劳动者本人档案，确认劳动者是否具有干部身份；

（3）审查劳动者的入职材料、学历材料、社保缴费记录等；

（4）结合本单位岗位管理制度，确认劳动者是否处于管理技术岗位；

（5）若劳动者处于特殊工种岗位，需要事前在劳动合同中明确并向人社部门申报备案。

问题 100

用人单位使用新就业形态劳动者，应当注意哪些合规要点？

1.近年来，政策性、灵活性、专业性强的新就业形态日益兴起，这不仅意味着劳动者有更加自由的工作时间与地点，也意味着原本具有"强约束"特点的劳动关系，变成更加独立自主的"弱联系"。

2.用人单位在与承揽业务的新就业形态外包平台合作时，需要注意以下几点：

（1）厘清所谓新就业形态的具体用工形式，有针对性地进行考察；

（2）考察服务平台是否具备相关用工的服务资质、服务能力；

（3）结合平台对劳动各环节管控情况考察，判断双方实质法律关系，而不能仅以劳务提供方名称或者缔结合同名称进行形式审查与判断。

实践中，有的平台先引导劳动者注册个体工商户，再通过签订合作或转包协议来规避责任，这种做法有较大风险；还有的平台通过民商事合同"掩盖"平台与劳动者之间的真实关系，这种做法也有风险。

3.用人单位应事前做好用工责任的划分和处置要求，要求平台加强对新就业形态劳动者的管理监管，以保障自身合法权益。

附 录

中华人民共和国劳动法

（1994年7月5日第八届全国人民代表大会常务委员会第八次会议通过 根据2009年8月27日第十一届全国人民代表大会常务委员会第十次会议《关于修改部分法律的决定》第一次修正 根据2018年12月29日第十三届全国人民代表大会常务委员会第七次会议《关于修改〈中华人民共和国劳动法〉等七部法律的决定》第二次修正）

目 录

第一章 总 则

第二章 促进就业

第三章 劳动合同和集体合同

第四章 工作时间和休息休假

第五章 工 资

第六章 劳动安全卫生

第七章 女职工和未成年工特殊保护

第八章 职业培训

第九章 社会保险和福利

第十章 劳动争议

第十一章 监督检查

第十二章　法律责任

第十三章　附　则

第一章　总　则

第一条　为了保护劳动者的合法权益，调整劳动关系，建立和维护适应社会主义市场经济的劳动制度，促进经济发展和社会进步，根据宪法，制定本法。

第二条　在中华人民共和国境内的企业、个体经济组织（以下统称用人单位）和与之形成劳动关系的劳动者，适用本法。

国家机关、事业组织、社会团体和与之建立劳动合同关系的劳动者，依照本法执行。

第三条　劳动者享有平等就业和选择职业的权利、取得劳动报酬的权利、休息休假的权利、获得劳动安全卫生保护的权利、接受职业技能培训的权利、享受社会保险和福利的权利、提请劳动争议处理的权利以及法律规定的其他劳动权利。

劳动者应当完成劳动任务，提高职业技能，执行劳动安全卫生规程，遵守劳动纪律和职业道德。

第四条　用人单位应当依法建立和完善规章制度，保障劳动者享有劳动权利和履行劳动义务。

第五条　国家采取各种措施，促进劳动就业，发展职业教育，制定劳动标准，调节社会收入，完善社会保险，协调劳动关系，逐步提高劳动者的生活水平。

第六条　国家提倡劳动者参加社会义务劳动，开展劳动竞赛和合理化建议活动，鼓励和保护劳动者进行科学研究、技术革新和发明创造，表彰和奖励劳动模范和先进工作者。

第七条　劳动者有权依法参加和组织工会。

工会代表和维护劳动者的合法权益，依法独立自主地开展活动。

第八条 劳动者依照法律规定，通过职工大会、职工代表大会或者其他形式，参与民主管理或者就保护劳动者合法权益与用人单位进行平等协商。

第九条 国务院劳动行政部门主管全国劳动工作。

县级以上地方人民政府劳动行政部门主管本行政区域内的劳动工作。

第二章　促进就业

第十条 国家通过促进经济和社会发展，创造就业条件，扩大就业机会。

国家鼓励企业、事业组织、社会团体在法律、行政法规规定的范围内兴办产业或者拓展经营，增加就业。

国家支持劳动者自愿组织起来就业和从事个体经营实现就业。

第十一条 地方各级人民政府应当采取措施，发展多种类型的职业介绍机构，提供就业服务。

第十二条 劳动者就业，不因民族、种族、性别、宗教信仰不同而受歧视。

第十三条 妇女享有与男子平等的就业权利。在录用职工时，除国家规定的不适合妇女的工种或者岗位外，不得以性别为由拒绝录用妇女或者提高对妇女的录用标准。

第十四条 残疾人、少数民族人员、退出现役的军人的就业，法律、法规有特别规定的，从其规定。

第十五条 禁止用人单位招用未满十六周岁的未成年人。

文艺、体育和特种工艺单位招用未满十六周岁的未成年人，必须遵守国家有关规定，并保障其接受义务教育的权利。

第三章　劳动合同和集体合同

第十六条　劳动合同是劳动者与用人单位确立劳动关系、明确双方权利和义务的协议。

建立劳动关系应当订立劳动合同。

第十七条　订立和变更劳动合同，应当遵循平等自愿、协商一致的原则，不得违反法律、行政法规的规定。

劳动合同依法订立即具有法律约束力，当事人必须履行劳动合同规定的义务。

第十八条　下列劳动合同无效：

（一）违反法律、行政法规的劳动合同；

（二）采取欺诈、威胁等手段订立的劳动合同。

无效的劳动合同，从订立的时候起，就没有法律约束力。确认劳动合同部分无效的，如果不影响其余部分的效力，其余部分仍然有效。

劳动合同的无效，由劳动争议仲裁委员会或者人民法院确认。

第十九条　劳动合同应当以书面形式订立，并具备以下条款：

（一）劳动合同期限；

（二）工作内容；

（三）劳动保护和劳动条件；

（四）劳动报酬；

（五）劳动纪律；

（六）劳动合同终止的条件；

（七）违反劳动合同的责任。

劳动合同除前款规定的必备条款外，当事人可以协商约定其他内容。

第二十条　劳动合同的期限分为有固定期限、无固定期限和以完成一定的工作为期限。

劳动者在同一用人单位连续工作满十年以上，当事人双方同意续延劳动合同的，如果劳动者提出订立无固定期限的劳动合同，应当订立无固定期限的劳动合同。

第二十一条 劳动合同可以约定试用期。试用期最长不得超过六个月。

第二十二条 劳动合同当事人可以在劳动合同中约定保守用人单位商业秘密的有关事项。

第二十三条 劳动合同期满或者当事人约定的劳动合同终止条件出现，劳动合同即行终止。

第二十四条 经劳动合同当事人协商一致，劳动合同可以解除。

第二十五条 劳动者有下列情形之一的，用人单位可以解除劳动合同：

（一）在试用期间被证明不符合录用条件的；

（二）严重违反劳动纪律或者用人单位规章制度的；

（三）严重失职，营私舞弊，对用人单位利益造成重大损害的；

（四）被依法追究刑事责任的。

第二十六条 有下列情形之一的，用人单位可以解除劳动合同，但是应当提前三十日以书面形式通知劳动者本人：

（一）劳动者患病或者非因工负伤，医疗期满后，不能从事原工作也不能从事由用人单位另行安排的工作的；

（二）劳动者不能胜任工作，经过培训或者调整工作岗位，仍不能胜任工作的；

（三）劳动合同订立时所依据的客观情况发生重大变化，致使原劳动合同无法履行，经当事人协商不能就变更劳动合同达成协议的。

第二十七条　用人单位濒临破产进行法定整顿期间或者生产经营状况发生严重困难，确需裁减人员的，应当提前三十日向工会或者全体职工说明情况，听取工会或者职工的意见，经向劳动行政部门报告后，可以裁减人员。

用人单位依据本条规定裁减人员，在六个月内录用人员的，应当优先录用被裁减的人员。

第二十八条　用人单位依据本法第二十四条、第二十六条、第二十七条的规定解除劳动合同的，应当依照国家有关规定给予经济补偿。

第二十九条　劳动者有下列情形之一的，用人单位不得依据本法第二十六条、第二十七条的规定解除劳动合同：

（一）患职业病或者因工负伤并被确认丧失或者部分丧失劳动能力的；

（二）患病或者负伤，在规定的医疗期内的；

（三）女职工在孕期、产期、哺乳期内的；

（四）法律、行政法规规定的其他情形。

第三十条　用人单位解除劳动合同，工会认为不适当的，有权提出意见。如果用人单位违反法律、法规或者劳动合同，工会有权要求重新处理；劳动者申请仲裁或者提起诉讼的，工会应当依法给予支持和帮助。

第三十一条　劳动者解除劳动合同，应当提前三十日以书面形式通知用人单位。

第三十二条　有下列情形之一的，劳动者可以随时通知用人单位解除劳动合同：

（一）在试用期内的；

（二）用人单位以暴力、威胁或者非法限制人身自由的手段强迫劳动的；

（三）用人单位未按照劳动合同约定支付劳动报酬或者提供劳动条件的。

第三十三条　企业职工一方与企业可以就劳动报酬、工作时间、休息休假、劳动安全卫生、保险福利等事项，签订集体合同。集体合同草案应当提交职工代表大会或者全体职工讨论通过。

集体合同由工会代表职工与企业签订；没有建立工会的企业，由职工推举的代表与企业签订。

第三十四条　集体合同签订后应当报送劳动行政部门；劳动行政部门自收到集体合同文本之日起十五日内未提出异议的，集体合同即行生效。

第三十五条　依法签订的集体合同对企业和企业全体职工具有约束力。职工个人与企业订立的劳动合同中劳动条件和劳动报酬等标准不得低于集体合同的规定。

第四章　工作时间和休息休假

第三十六条　国家实行劳动者每日工作时间不超过八小时、平均每周工作时间不超过四十四小时的工时制度。

第三十七条　对实行计件工作的劳动者，用人单位应当根据本法第三十六条规定的工时制度合理确定其劳动定额和计件报酬标准。

第三十八条　用人单位应当保证劳动者每周至少休息一日。

第三十九条　企业因生产特点不能实行本法第三十六条、第三十八条规定的，经劳动行政部门批准，可以实行其他工作和休息办法。

第四十条 用人单位在下列节日期间应当依法安排劳动者休假：

（一）元旦；

（二）春节；

（三）国际劳动节；

（四）国庆节；

（五）法律、法规规定的其他休假节日。

第四十一条 用人单位由于生产经营需要，经与工会和劳动者协商后可以延长工作时间，一般每日不得超过一小时；因特殊原因需要延长工作时间的，在保障劳动者身体健康的条件下延长工作时间每日不得超过三小时，但是每月不得超过三十六小时。

第四十二条 有下列情形之一的，延长工作时间不受本法第四十一条规定的限制：

（一）发生自然灾害、事故或者因其他原因，威胁劳动者生命健康和财产安全，需要紧急处理的；

（二）生产设备、交通运输线路、公共设施发生故障，影响生产和公众利益，必须及时抢修的；

（三）法律、行政法规规定的其他情形。

第四十三条 用人单位不得违反本法规定延长劳动者的工作时间。

第四十四条 有下列情形之一的，用人单位应当按照下列标准支付高于劳动者正常工作时间工资的工资报酬：

（一）安排劳动者延长工作时间的，支付不低于工资的百分之一百五十的工资报酬；

（二）休息日安排劳动者工作又不能安排补休的，支付不低于工资的百分之二百的工资报酬；

（三）法定休假日安排劳动者工作的，支付不低于工资的百分之三百的工资报酬。

第四十五条 国家实行带薪年休假制度。

劳动者连续工作一年以上的，享受带薪年休假。具体办法由国务院规定。

第五章 工 资

第四十六条 工资分配应当遵循按劳分配原则，实行同工同酬。

工资水平在经济发展的基础上逐步提高。国家对工资总量实行宏观调控。

第四十七条 用人单位根据本单位的生产经营特点和经济效益，依法自主确定本单位的工资分配方式和工资水平。

第四十八条 国家实行最低工资保障制度。最低工资的具体标准由省、自治区、直辖市人民政府规定，报国务院备案。

用人单位支付劳动者的工资不得低于当地最低工资标准。

第四十九条 确定和调整最低工资标准应当综合参考下列因素：

（一）劳动者本人及平均赡养人口的最低生活费用；

（二）社会平均工资水平；

（三）劳动生产率；

（四）就业状况；

（五）地区之间经济发展水平的差异。

第五十条 工资应当以货币形式按月支付给劳动者本人。不得克扣或者无故拖欠劳动者的工资。

第五十一条 劳动者在法定休假日和婚丧假期间以及依法参加社会活动期间，用人单位应当依法支付工资。

第六章　劳动安全卫生

第五十二条　用人单位必须建立、健全劳动安全卫生制度，严格执行国家劳动安全卫生规程和标准，对劳动者进行劳动安全卫生教育，防止劳动过程中的事故，减少职业危害。

第五十三条　劳动安全卫生设施必须符合国家规定的标准。

新建、改建、扩建工程的劳动安全卫生设施必须与主体工程同时设计、同时施工、同时投入生产和使用。

第五十四条　用人单位必须为劳动者提供符合国家规定的劳动安全卫生条件和必要的劳动防护用品，对从事有职业危害作业的劳动者应当定期进行健康检查。

第五十五条　从事特种作业的劳动者必须经过专门培训并取得特种作业资格。

第五十六条　劳动者在劳动过程中必须严格遵守安全操作规程。

劳动者对用人单位管理人员违章指挥、强令冒险作业，有权拒绝执行；对危害生命安全和身体健康的行为，有权提出批评、检举和控告。

第五十七条　国家建立伤亡事故和职业病统计报告和处理制度。县级以上各级人民政府劳动行政部门、有关部门和用人单位应当依法对劳动者在劳动过程中发生的伤亡事故和劳动者的职业病状况，进行统计、报告和处理。

第七章　女职工和未成年工特殊保护

第五十八条　国家对女职工和未成年工实行特殊劳动保护。

未成年工是指年满十六周岁未满十八周岁的劳动者。

第五十九条　禁止安排女职工从事矿山井下、国家规定的第四级体力劳动强度的劳动和其他禁忌从事的劳动。

第六十条 不得安排女职工在经期从事高处、低温、冷水作业和国家规定的第三级体力劳动强度的劳动。

第六十一条 不得安排女职工在怀孕期间从事国家规定的第三级体力劳动强度的劳动和孕期禁忌从事的劳动。对怀孕七个月以上的女职工，不得安排其延长工作时间和夜班劳动。

第六十二条 女职工生育享受不少于九十天的产假。

第六十三条 不得安排女职工在哺乳未满一周岁的婴儿期间从事国家规定的第三级体力劳动强度的劳动和哺乳期禁忌从事的其他劳动，不得安排其延长工作时间和夜班劳动。

第六十四条 不得安排未成年工从事矿山井下、有毒有害、国家规定的第四级体力劳动强度的劳动和其他禁忌从事的劳动。

第六十五条 用人单位应当对未成年工定期进行健康检查。

第八章　职业培训

第六十六条 国家通过各种途径，采取各种措施，发展职业培训事业，开发劳动者的职业技能，提高劳动者素质，增强劳动者的就业能力和工作能力。

第六十七条 各级人民政府应当把发展职业培训纳入社会经济发展的规划，鼓励和支持有条件的企业、事业组织、社会团体和个人进行各种形式的职业培训。

第六十八条 用人单位应当建立职业培训制度，按照国家规定提取和使用职业培训经费，根据本单位实际，有计划地对劳动者进行职业培训。

从事技术工种的劳动者，上岗前必须经过培训。

第六十九条 国家确定职业分类，对规定的职业制定职业技能标准，实行职业资格证书制度，由经备案的考核鉴定机构负责对劳动者实施职业技能考核鉴定。

第九章 社会保险和福利

第七十条 国家发展社会保险事业，建立社会保险制度，设立社会保险基金，使劳动者在年老、患病、工伤、失业、生育等情况下获得帮助和补偿。

第七十一条 社会保险水平应当与社会经济发展水平和社会承受能力相适应。

第七十二条 社会保险基金按照保险类型确定资金来源，逐步实行社会统筹。用人单位和劳动者必须依法参加社会保险，缴纳社会保险费。

第七十三条 劳动者在下列情形下，依法享受社会保险待遇：

（一）退休；

（二）患病、负伤；

（三）因工伤残或者患职业病；

（四）失业；

（五）生育。

劳动者死亡后，其遗属依法享受遗属津贴。

劳动者享受社会保险待遇的条件和标准由法律、法规规定。

劳动者享受的社会保险金必须按时足额支付。

第七十四条 社会保险基金经办机构依照法律规定收支、管理和运营社会保险基金，并负有使社会保险基金保值增值的责任。

社会保险基金监督机构依照法律规定，对社会保险基金的收支、管理和运营实施监督。

社会保险基金经办机构和社会保险基金监督机构的设立和职能由法律规定。

任何组织和个人不得挪用社会保险基金。

第七十五条 国家鼓励用人单位根据本单位实际情况为劳动者建立补充保险。

国家提倡劳动者个人进行储蓄性保险。

第七十六条 国家发展社会福利事业，兴建公共福利设施，为劳动者休息、休养和疗养提供条件。

用人单位应当创造条件，改善集体福利，提高劳动者的福利待遇。

第十章 劳动争议

第七十七条 用人单位与劳动者发生劳动争议，当事人可以依法申请调解、仲裁、提起诉讼，也可以协商解决。

调解原则适用于仲裁和诉讼程序。

第七十八条 解决劳动争议，应当根据合法、公正、及时处理的原则，依法维护劳动争议当事人的合法权益。

第七十九条 劳动争议发生后，当事人可以向本单位劳动争议调解委员会申请调解；调解不成，当事人一方要求仲裁的，可以向劳动争议仲裁委员会申请仲裁。当事人一方也可以直接向劳动争议仲裁委员会申请仲裁。对仲裁裁决不服的，可以向人民法院提起诉讼。

第八十条 在用人单位内，可以设立劳动争议调解委员会。劳动争议调解委员会由职工代表、用人单位代表和工会代表组成。劳动争议调解委员会主任由工会代表担任。

劳动争议经调解达成协议的，当事人应当履行。

第八十一条 劳动争议仲裁委员会由劳动行政部门代表、同级工会代表、用人单位方面的代表组成。劳动争议仲裁委员会主任由劳动行政部门代表担任。

第八十二条 提出仲裁要求的一方应当自劳动争议发生之日

起六十日内向劳动争议仲裁委员会提出书面申请。仲裁裁决一般应在收到仲裁申请的六十日内作出。对仲裁裁决无异议的,当事人必须履行。

第八十三条 劳动争议当事人对仲裁裁决不服的,可以自收到仲裁裁决书之日起十五日内向人民法院提起诉讼。一方当事人在法定期限内不起诉又不履行仲裁裁决的,另一方当事人可以申请人民法院强制执行。

第八十四条 因签订集体合同发生争议,当事人协商解决不成的,当地人民政府劳动行政部门可以组织有关各方协调处理。

因履行集体合同发生争议,当事人协商解决不成的,可以向劳动争议仲裁委员会申请仲裁;对仲裁裁决不服的,可以自收到仲裁裁决书之日起十五日内向人民法院提起诉讼。

第十一章 监督检查

第八十五条 县级以上各级人民政府劳动行政部门依法对用人单位遵守劳动法律、法规的情况进行监督检查,对违反劳动法律、法规的行为有权制止,并责令改正。

第八十六条 县级以上各级人民政府劳动行政部门监督检查人员执行公务,有权进入用人单位了解执行劳动法律、法规的情况,查阅必要的资料,并对劳动场所进行检查。

县级以上各级人民政府劳动行政部门监督检查人员执行公务,必须出示证件,秉公执法并遵守有关规定。

第八十七条 县级以上各级人民政府有关部门在各自职责范围内,对用人单位遵守劳动法律、法规的情况进行监督。

第八十八条 各级工会依法维护劳动者的合法权益,对用人单位遵守劳动法律、法规的情况进行监督。

任何组织和个人对于违反劳动法律、法规的行为有权检举和控告。

第十二章　法律责任

第八十九条　用人单位制定的劳动规章制度违反法律、法规规定的，由劳动行政部门给予警告，责令改正；对劳动者造成损害的，应当承担赔偿责任。

第九十条　用人单位违反本法规定，延长劳动者工作时间的，由劳动行政部门给予警告，责令改正，并可以处以罚款。

第九十一条　用人单位有下列侵害劳动者合法权益情形之一的，由劳动行政部门责令支付劳动者的工资报酬、经济补偿，并可以责令支付赔偿金：

（一）克扣或者无故拖欠劳动者工资的；

（二）拒不支付劳动者延长工作时间工资报酬的；

（三）低于当地最低工资标准支付劳动者工资的；

（四）解除劳动合同后，未依照本法规定给予劳动者经济补偿的。

第九十二条　用人单位的劳动安全设施和劳动卫生条件不符合国家规定或者未向劳动者提供必要的劳动防护用品和劳动保护设施的，由劳动行政部门或者有关部门责令改正，可以处以罚款；情节严重的，提请县级以上人民政府决定责令停产整顿；对事故隐患不采取措施，致使发生重大事故，造成劳动者生命和财产损失的，对责任人员依照刑法有关规定追究刑事责任。

第九十三条　用人单位强令劳动者违章冒险作业，发生重大伤亡事故，造成严重后果的，对责任人员依法追究刑事责任。

第九十四条　用人单位非法招用未满十六周岁的未成年人的，由劳动行政部门责令改正，处以罚款；情节严重的，由市场监督管理部门吊销营业执照。

第九十五条 用人单位违反本法对女职工和未成年工的保护规定，侵害其合法权益的，由劳动行政部门责令改正，处以罚款；对女职工或者未成年工造成损害的，应当承担赔偿责任。

第九十六条 用人单位有下列行为之一，由公安机关对责任人员处以十五日以下拘留、罚款或者警告；构成犯罪的，对责任人员依法追究刑事责任：

（一）以暴力、威胁或者非法限制人身自由的手段强迫劳动的；

（二）侮辱、体罚、殴打、非法搜查和拘禁劳动者的。

第九十七条 由于用人单位的原因订立的无效合同，对劳动者造成损害的，应当承担赔偿责任。

第九十八条 用人单位违反本法规定的条件解除劳动合同或者故意拖延不订立劳动合同的，由劳动行政部门责令改正；对劳动者造成损害的，应当承担赔偿责任。

第九十九条 用人单位招用尚未解除劳动合同的劳动者，对原用人单位造成经济损失的，该用人单位应当依法承担连带赔偿责任。

第一百条 用人单位无故不缴纳社会保险费的，由劳动行政部门责令其限期缴纳；逾期不缴的，可以加收滞纳金。

第一百零一条 用人单位无理阻挠劳动行政部门、有关部门及其工作人员行使监督检查权，打击报复举报人员的，由劳动行政部门或者有关部门处以罚款；构成犯罪的，对责任人员依法追究刑事责任。

第一百零二条 劳动者违反本法规定的条件解除劳动合同或者违反劳动合同中约定的保密事项，对用人单位造成经济损失的，应当依法承担赔偿责任。

第一百零三条 劳动行政部门或者有关部门的工作人员滥用职权、玩忽职守、徇私舞弊，构成犯罪的，依法追究刑事责任；不构成犯罪的，给予行政处分。

第一百零四条 国家工作人员和社会保险基金经办机构的工作人员挪用社会保险基金，构成犯罪的，依法追究刑事责任。

第一百零五条 违反本法规定侵害劳动者合法权益，其他法律、行政法规已规定处罚的，依照该法律、行政法规的规定处罚。

第十三章 附　则

第一百零六条 省、自治区、直辖市人民政府根据本法和本地区的实际情况，规定劳动合同制度的实施步骤，报国务院备案。

第一百零七条 本法自1995年1月1日起施行。

中华人民共和国劳动合同法

（2007年6月29日第十届全国人民代表大会常务委员会第二十八次会议通过　根据2012年12月28日第十一届全国人民代表大会常务委员会第三十次会议《关于修改〈中华人民共和国劳动合同法〉的决定》修正　主席令第73号）

目　录

第一章　总　则

第二章　劳动合同的订立

第三章　劳动合同的履行和变更

第四章　劳动合同的解除和终止

第五章　特别规定

　　第一节　集体合同

第二节 劳务派遣

第三节 非全日制用工

第六章 监督检查

第七章 法律责任

第八章 附　则

第一章　总　则

第一条 为了完善劳动合同制度，明确劳动合同双方当事人的权利和义务，保护劳动者的合法权益，构建和发展和谐稳定的劳动关系，制定本法。

第二条 中华人民共和国境内的企业、个体经济组织、民办非企业单位等组织（以下称用人单位）与劳动者建立劳动关系，订立、履行、变更、解除或者终止劳动合同，适用本法。

国家机关、事业单位、社会团体和与其建立劳动关系的劳动者，订立、履行、变更、解除或者终止劳动合同，依照本法执行。

第三条 订立劳动合同，应当遵循合法、公平、平等自愿、协商一致、诚实信用的原则。

依法订立的劳动合同具有约束力，用人单位与劳动者应当履行劳动合同约定的义务。

第四条 用人单位应当依法建立和完善劳动规章制度，保障劳动者享有劳动权利、履行劳动义务。

用人单位在制定、修改或者决定有关劳动报酬、工作时间、休息休假、劳动安全卫生、保险福利、职工培训、劳动纪律以及劳动定额管理等直接涉及劳动者切身利益的规章制度或者重大事项时，应当经职工代表大会或者全体职工讨论，提出方案和意见，与工会或者职工代表平等协商确定。

在规章制度和重大事项决定实施过程中，工会或者职工认为不适当的，有权向用人单位提出，通过协商予以修改完善。

用人单位应当将直接涉及劳动者切身利益的规章制度和重大事项决定公示，或者告知劳动者。

第五条 县级以上人民政府劳动行政部门会同工会和企业方面代表，建立健全协调劳动关系三方机制，共同研究解决有关劳动关系的重大问题。

第六条 工会应当帮助、指导劳动者与用人单位依法订立和履行劳动合同，并与用人单位建立集体协商机制，维护劳动者的合法权益。

第二章　劳动合同的订立

第七条 用人单位自用工之日起即与劳动者建立劳动关系。用人单位应当建立职工名册备查。

第八条 用人单位招用劳动者时，应当如实告知劳动者工作内容、工作条件、工作地点、职业危害、安全生产状况、劳动报酬，以及劳动者要求了解的其他情况；用人单位有权了解劳动者与劳动合同直接相关的基本情况，劳动者应当如实说明。

第九条 用人单位招用劳动者，不得扣押劳动者的居民身份证和其他证件，不得要求劳动者提供担保或者以其他名义向劳动者收取财物。

第十条 建立劳动关系，应当订立书面劳动合同。

已建立劳动关系，未同时订立书面劳动合同的，应当自用工之日起一个月内订立书面劳动合同。

用人单位与劳动者在用工前订立劳动合同的，劳动关系自用工之日起建立。

第十一条 用人单位未在用工的同时订立书面劳动合同，与劳动者约定的劳动报酬不明确的，新招用的劳动者的劳动报酬按照集体合同规定的标准执行；没有集体合同或者集体合同未规定的，实行同工同酬。

第十二条 劳动合同分为固定期限劳动合同、无固定期限劳动合同和以完成一定工作任务为期限的劳动合同。

第十三条 固定期限劳动合同，是指用人单位与劳动者约定合同终止时间的劳动合同。

用人单位与劳动者协商一致，可以订立固定期限劳动合同。

第十四条 无固定期限劳动合同，是指用人单位与劳动者约定无确定终止时间的劳动合同。

用人单位与劳动者协商一致，可以订立无固定期限劳动合同。有下列情形之一，劳动者提出或者同意续订、订立劳动合同的，除劳动者提出订立固定期限劳动合同外，应当订立无固定期限劳动合同：

（一）劳动者在该用人单位连续工作满十年的；

（二）用人单位初次实行劳动合同制度或者国有企业改制重新订立劳动合同时，劳动者在该用人单位连续工作满十年且距法定退休年龄不足十年的；

（三）连续订立二次固定期限劳动合同，且劳动者没有本法第三十九条和第四十条第一项、第二项规定的情形，续订劳动合同的。

用人单位自用工之日起满一年不与劳动者订立书面劳动合同的，视为用人单位与劳动者已订立无固定期限劳动合同。

第十五条 以完成一定工作任务为期限的劳动合同，是指用人单位与劳动者约定以某项工作的完成为合同期限的劳动合同。

用人单位与劳动者协商一致，可以订立以完成一定工作任务为期限的劳动合同。

第十六条 劳动合同由用人单位与劳动者协商一致，并经用人单位与劳动者在劳动合同文本上签字或者盖章生效。

劳动合同文本由用人单位和劳动者各执一份。

第十七条 劳动合同应当具备以下条款：

（一）用人单位的名称、住所和法定代表人或者主要负责人；

（二）劳动者的姓名、住址和居民身份证或者其他有效身份证件号码；

（三）劳动合同期限；

（四）工作内容和工作地点；

（五）工作时间和休息休假；

（六）劳动报酬；

（七）社会保险；

（八）劳动保护、劳动条件和职业危害防护；

（九）法律、法规规定应当纳入劳动合同的其他事项。

劳动合同除前款规定的必备条款外，用人单位与劳动者可以约定试用期、培训、保守秘密、补充保险和福利待遇等其他事项。

第十八条 劳动合同对劳动报酬和劳动条件等标准约定不明确，引发争议的，用人单位与劳动者可以重新协商；协商不成的，适用集体合同规定；没有集体合同或者集体合同未规定劳动报酬的，实行同工同酬；没有集体合同或者集体合同未规定劳动条件等标准的，适用国家有关规定。

第十九条 劳动合同期限三个月以上不满一年的，试用期不得超过一个月；劳动合同期限一年以上不满三年的，试用期不得超过二个月；三年以上固定期限和无固定期限的劳动合同，试用期不得超过六个月。

同一用人单位与同一劳动者只能约定一次试用期。

以完成一定工作任务为期限的劳动合同或者劳动合同期限不满三个月的，不得约定试用期。

试用期包含在劳动合同期限内。劳动合同仅约定试用期的，试用期不成立，该期限为劳动合同期限。

第二十条 劳动者在试用期的工资不得低于本单位相同岗位最低档工资或者劳动合同约定工资的百分之八十，并不得低于用人单位所在地的最低工资标准。

第二十一条 在试用期中，除劳动者有本法第三十九条和第四十条第一项、第二项规定的情形外，用人单位不得解除劳动合同。用人单位在试用期解除劳动合同的，应当向劳动者说明理由。

第二十二条 用人单位为劳动者提供专项培训费用，对其进行专业技术培训的，可以与该劳动者订立协议，约定服务期。

劳动者违反服务期约定的，应当按照约定向用人单位支付违约金。违约金的数额不得超过用人单位提供的培训费用。用人单位要求劳动者支付的违约金不得超过服务期尚未履行部分所应分摊的培训费用。

用人单位与劳动者约定服务期的，不影响按照正常的工资调整机制提高劳动者在服务期期间的劳动报酬。

第二十三条 用人单位与劳动者可以在劳动合同中约定保守用人单位的商业秘密和与知识产权相关的保密事项。

对负有保密义务的劳动者，用人单位可以在劳动合同或者保密协议中与劳动者约定竞业限制条款，并约定在解除或者终止劳动合同后，在竞业限制期限内按月给予劳动者经济补偿。劳动者违反竞业限制约定的，应当按照约定向用人单位支付违约金。

第二十四条 竞业限制的人员限于用人单位的高级管理人员、高级技术人员和其他负有保密义务的人员。竞业限制的范围、地域、期限由用人单位与劳动者约定,竞业限制的约定不得违反法律、法规的规定。

在解除或者终止劳动合同后,前款规定的人员到与本单位生产或者经营同类产品、从事同类业务的有竞争关系的其他用人单位,或者自己开业生产或者经营同类产品、从事同类业务的竞业限制期限,不得超过二年。

第二十五条　除本法第二十二条和第二十三条规定的情形外,用人单位不得与劳动者约定由劳动者承担违约金。

第二十六条　下列劳动合同无效或者部分无效:

(一)以欺诈、胁迫的手段或者乘人之危,使对方在违背真实意思的情况下订立或者变更劳动合同的;

(二)用人单位免除自己的法定责任、排除劳动者权利的;

(三)违反法律、行政法规强制性规定的。

对劳动合同的无效或者部分无效有争议的,由劳动争议仲裁机构或者人民法院确认。

第二十七条　劳动合同部分无效,不影响其他部分效力的,其他部分仍然有效。

第二十八条　劳动合同被确认无效,劳动者已付出劳动的,用人单位应当向劳动者支付劳动报酬。劳动报酬的数额,参照本单位相同或者相近岗位劳动者的劳动报酬确定。

第三章　劳动合同的履行和变更

第二十九条　用人单位与劳动者应当按照劳动合同的约定,全面履行各自的义务。

第三十条　用人单位应当按照劳动合同约定和国家规定,向劳动者及时足额支付劳动报酬。

用人单位拖欠或者未足额支付劳动报酬的,劳动者可以依法向当地人民法院申请支付令，人民法院应当依法发出支付令。

第三十一条　用人单位应当严格执行劳动定额标准，不得强迫或者变相强迫劳动者加班。用人单位安排加班的，应当按照国家有关规定向劳动者支付加班费。

第三十二条　劳动者拒绝用人单位管理人员违章指挥、强令冒险作业的，不视为违反劳动合同。

劳动者对危害生命安全和身体健康的劳动条件，有权对用人单位提出批评、检举和控告。

第三十三条　用人单位变更名称、法定代表人、主要负责人或者投资人等事项，不影响劳动合同的履行。

第三十四条　用人单位发生合并或者分立等情况，原劳动合同继续有效，劳动合同由承继其权利和义务的用人单位继续履行。

第三十五条　用人单位与劳动者协商一致，可以变更劳动合同约定的内容。变更劳动合同，应当采用书面形式。

变更后的劳动合同文本由用人单位和劳动者各执一份。

第四章　劳动合同的解除和终止

第三十六条　用人单位与劳动者协商一致，可以解除劳动合同。

第三十七条　劳动者提前三十日以书面形式通知用人单位，可以解除劳动合同。劳动者在试用期内提前三日通知用人单位，可以解除劳动合同。

第三十八条　用人单位有下列情形之一的，劳动者可以解除劳动合同：

（一）未按照劳动合同约定提供劳动保护或者劳动条件的；

（二）未及时足额支付劳动报酬的；

（三）未依法为劳动者缴纳社会保险费的；

（四）用人单位的规章制度违反法律、法规的规定，损害劳动者权益的；

（五）因本法第二十六条第一款规定的情形致使劳动合同无效的；

（六）法律、行政法规规定劳动者可以解除劳动合同的其他情形。

用人单位以暴力、威胁或者非法限制人身自由的手段强迫劳动者劳动的，或者用人单位违章指挥、强令冒险作业危及劳动者人身安全的，劳动者可以立即解除劳动合同，不需事先告知用人单位。

第三十九条 劳动者有下列情形之一的，用人单位可以解除劳动合同：

（一）在试用期间被证明不符合录用条件的；

（二）严重违反用人单位的规章制度的；

（三）严重失职，营私舞弊，给用人单位造成重大损害的；

（四）劳动者同时与其他用人单位建立劳动关系，对完成本单位的工作任务造成严重影响，或者经用人单位提出，拒不改正的；

（五）因本法第二十六条第一款第一项规定的情形致使劳动合同无效的；

（六）被依法追究刑事责任的。

第四十条 有下列情形之一的，用人单位提前三十日以书面形式通知劳动者本人或者额外支付劳动者一个月工资后，可以解除劳动合同：

（一）劳动者患病或者非因工负伤，在规定的医疗期满后不能从事原工作，也不能从事由用人单位另行安排的工作的；

（二）劳动者不能胜任工作，经过培训或者调整工作岗位，仍不能胜任工作的；

（三）劳动合同订立时所依据的客观情况发生重大变化，致使劳动合同无法履行，经用人单位与劳动者协商，未能就变更劳动合同内容达成协议的。

第四十一条 有下列情形之一，需要裁减人员二十人以上或者裁减不足二十人但占企业职工总数百分之十以上的，用人单位提前三十日向工会或者全体职工说明情况，听取工会或者职工的意见后，裁减人员方案经向劳动行政部门报告，可以裁减人员：

（一）依照企业破产法规定进行重整的；

（二）生产经营发生严重困难的；

（三）企业转产、重大技术革新或者经营方式调整，经变更劳动合同后，仍需裁减人员的；

（四）其他因劳动合同订立时所依据的客观经济情况发生重大变化，致使劳动合同无法履行的。

裁减人员时，应当优先留用下列人员：

（一）与本单位订立较长期限的固定期限劳动合同的；

（二）与本单位订立无固定期限劳动合同的；

（三）家庭无其他就业人员，有需要扶养的老人或者未成年人的。

用人单位依照本条第一款规定裁减人员，在六个月内重新招用人员的，应当通知被裁减的人员，并在同等条件下优先招用被裁减的人员。

第四十二条 劳动者有下列情形之一的，用人单位不得依照本法第四十条、第四十一条的规定解除劳动合同：

（一）从事接触职业病危害作业的劳动者未进行离岗前职业健康检查，或者疑似职业病病人在诊断或者医学观察期间的；

（二）在本单位患职业病或者因工负伤并被确认丧失或者部分丧失劳动能力的；

（三）患病或者非因工负伤，在规定的医疗期内的；

（四）女职工在孕期、产期、哺乳期的；

（五）在本单位连续工作满十五年，且距法定退休年龄不足五年的；

（六）法律、行政法规规定的其他情形。

第四十三条 用人单位单方解除劳动合同，应当事先将理由通知工会。用人单位违反法律、行政法规规定或者劳动合同约定的，工会有权要求用人单位纠正。用人单位应当研究工会的意见，并将处理结果书面通知工会。

第四十四条 有下列情形之一的，劳动合同终止：

（一）劳动合同期满的；

（二）劳动者开始依法享受基本养老保险待遇的；

（三）劳动者死亡，或者被人民法院宣告死亡或者宣告失踪的；

（四）用人单位被依法宣告破产的；

（五）用人单位被吊销营业执照、责令关闭、撤销或者用人单位决定提前解散的；

（六）法律、行政法规规定的其他情形。

第四十五条 劳动合同期满，有本法第四十二条规定情形之一的，劳动合同应当续延至相应的情形消失时终止。但是，本法第四十二条第二项规定丧失或者部分丧失劳动能力劳动者的劳动合同的终止，按照国家有关工伤保险的规定执行。

第四十六条 有下列情形之一的，用人单位应当向劳动者支付经济补偿：

（一）劳动者依照本法第三十八条规定解除劳动合同的；

（二）用人单位依照本法第三十六条规定向劳动者提出解除劳动合同并与劳动者协商一致解除劳动合同的；

（三）用人单位依照本法第四十条规定解除劳动合同的；

（四）用人单位依照本法第四十一条第一款规定解除劳动合同的；

（五）除用人单位维持或者提高劳动合同约定条件续订劳动合同，劳动者不同意续订的情形外，依照本法第四十四条第一项规定终止固定期限劳动合同的；

（六）依照本法第四十四条第四项、第五项规定终止劳动合同的；

（七）法律、行政法规规定的其他情形。

第四十七条 经济补偿按劳动者在本单位工作的年限，每满一年支付一个月工资的标准向劳动者支付。六个月以上不满一年的，按一年计算；不满六个月的，向劳动者支付半个月工资的经济补偿。

劳动者月工资高于用人单位所在直辖市、设区的市级人民政府公布的本地区上年度职工月平均工资三倍的，向其支付经济补偿的标准按职工月平均工资三倍的数额支付，向其支付经济补偿的年限最高不超过十二年。

本条所称月工资是指劳动者在劳动合同解除或者终止前十二个月的平均工资。

第四十八条 用人单位违反本法规定解除或者终止劳动合同，劳动者要求继续履行劳动合同的，用人单位应当继续履行；劳动者不要求继续履行劳动合同或者劳动合同已经不能继续履行的，用人单位应当依照本法第八十七条规定支付赔偿金。

第四十九条 国家采取措施，建立健全劳动者社会保险关系跨地区转移接续制度。

第五十条 用人单位应当在解除或者终止劳动合同时出具解除或者终止劳动合同的证明，并在十五日内为劳动者办理档案和社会保险关系转移手续。

劳动者应当按照双方约定，办理工作交接。用人单位依照本法有关规定应当向劳动者支付经济补偿的，在办结工作交接时支付。

用人单位对已经解除或者终止的劳动合同的文本，至少保存二年备查。

第五章 特别规定

第一节 集体合同

第五十一条 企业职工一方与用人单位通过平等协商，可以就劳动报酬、工作时间、休息休假、劳动安全卫生、保险福利等事项订立集体合同。集体合同草案应当提交职工代表大会或者全体职工讨论通过。

集体合同由工会代表企业职工一方与用人单位订立；尚未建立工会的用人单位，由上级工会指导劳动者推举的代表与用人单位订立。

第五十二条 企业职工一方与用人单位可以订立劳动安全卫生、女职工权益保护、工资调整机制等专项集体合同。

第五十三条 在县级以下区域内，建筑业、采矿业、餐饮服务业等行业可以由工会与企业方面代表订立行业性集体合同，或者订立区域性集体合同。

第五十四条 集体合同订立后，应当报送劳动行政部门；劳动行政部门自收到集体合同文本之日起十五日内未提出异议的，集体合同即行生效。

依法订立的集体合同对用人单位和劳动者具有约束力。行业性、区域性集体合同对当地本行业、本区域的用人单位和劳动者具有约束力。

第五十五条 集体合同中劳动报酬和劳动条件等标准不得低于当地人民政府规定的最低标准；用人单位与劳动者订立的劳动合同中劳动报酬和劳动条件等标准不得低于集体合同规定的标准。

第五十六条 用人单位违反集体合同，侵犯职工劳动权益的，工会可以依法要求用人单位承担责任；因履行集体合同发生争议，经协商解决不成的，工会可以依法申请仲裁、提起诉讼。

第二节 劳务派遣

第五十七条 经营劳务派遣业务应当具备下列条件：

（一）注册资本不得少于人民币二百万元；

（二）有与开展业务相适应的固定的经营场所和设施；

（三）有符合法律、行政法规规定的劳务派遣管理制度；

（四）法律、行政法规规定的其他条件。

经营劳务派遣业务，应当向劳动行政部门依法申请行政许可；经许可的，依法办理相应的公司登记。未经许可，任何单位和个人不得经营劳务派遣业务。

第五十八条 劳务派遣单位是本法所称用人单位，应当履行用人单位对劳动者的义务。劳务派遣单位与被派遣劳动者订立的劳动合同，除应当载明本法第十七条规定的事项外，还应当载明被派遣劳动者的用工单位以及派遣期限、工作岗位等情况。

劳务派遣单位应当与被派遣劳动者订立二年以上的固定期限劳动合同，按月支付劳动报酬；被派遣劳动者在无工作期间，劳务派遣单位应当按照所在地人民政府规定的最低工资标准，向其按月支付报酬。

第五十九条 劳务派遣单位派遣劳动者应当与接受以劳务派遣形式用工的单位（以下称用工单位）订立劳务派遣协议。劳务派遣协议应当约定派遣岗位和人员数量、派遣期限、劳动报酬和社会保险费的数额与支付方式以及违反协议的责任。

用工单位应当根据工作岗位的实际需要与劳务派遣单位确定派遣期限，不得将连续用工期限分割订立数个短期劳务派遣协议。

第六十条 劳务派遣单位应当将劳务派遣协议的内容告知被派遣劳动者。

劳务派遣单位不得克扣用工单位按照劳务派遣协议支付给被派遣劳动者的劳动报酬。

劳务派遣单位和用工单位不得向被派遣劳动者收取费用。

第六十一条 劳务派遣单位跨地区派遣劳动者的，被派遣劳动者享有的劳动报酬和劳动条件，按照用工单位所在地的标准执行。

第六十二条 用工单位应当履行下列义务：

（一）执行国家劳动标准，提供相应的劳动条件和劳动保护；

（二）告知被派遣劳动者的工作要求和劳动报酬；

（三）支付加班费、绩效奖金，提供与工作岗位相关的福利待遇；

（四）对在岗被派遣劳动者进行工作岗位所必需的培训；

（五）连续用工的，实行正常的工资调整机制。

用工单位不得将被派遣劳动者再派遣到其他用人单位。

第六十三条 被派遣劳动者享有与用工单位的劳动者同工同酬的权利。用工单位应当按照同工同酬原则，对被派遣劳动者与本单位同类岗位的劳动者实行相同的劳动报酬分配办法。用工单位无同类岗位劳动者的，参照用工单位所在地相同或者相近岗位劳动者的劳动报酬确定。

劳务派遣单位与被派遣劳动者订立的劳动合同和与用工单位订立的劳务派遣协议，载明或者约定的向被派遣劳动者支付的劳动报酬应当符合前款规定。

第六十四条 被派遣劳动者有权在劳务派遣单位或者用工单位依法参加或者组织工会，维护自身的合法权益。

第六十五条 被派遣劳动者可以依照本法第三十六条、第三十八条的规定与劳务派遣单位解除劳动合同。

被派遣劳动者有本法第三十九条和第四十条第一项、第二项规定情形的，用工单位可以将劳动者退回劳务派遣单位，劳务派遣单位依照本法有关规定，可以与劳动者解除劳动合同。

第六十六条 劳动合同用工是我国的企业基本用工形式。劳务派遣用工是补充形式，只能在临时性、辅助性或者替代性的工作岗位上实施。

前款规定的临时性工作岗位是指存续时间不超过六个月的岗位；辅助性工作岗位是指为主营业务岗位提供服务的非主营业务岗位；替代性工作岗位是指用工单位的劳动者因脱产学习、休假等原因无法工作的一定期间内，可以由其他劳动者替代工作的岗位。

用工单位应当严格控制劳务派遣用工数量，不得超过其用工总量的一定比例，具体比例由国务院劳动行政部门规定。

第六十七条 用人单位不得设立劳务派遣单位向本单位或者所属单位派遣劳动者。

第三节 非全日制用工

第六十八条 非全日制用工，是指以小时计酬为主，劳动者在同一用人单位一般平均每日工作时间不超过四小时,每周工作时间累计不超过二十四小时的用工形式。

第六十九条 非全日制用工双方当事人可以订立口头协议。

从事非全日制用工的劳动者可以与一个或者一个以上用人单位订立劳动合同;但是,后订立的劳动合同不得影响先订立的劳动合同的履行。

第七十条 非全日制用工双方当事人不得约定试用期。

第七十一条 非全日制用工双方当事人任何一方都可以随时通知对方终止用工。终止用工,用人单位不向劳动者支付经济补偿。

第七十二条 非全日制用工小时计酬标准不得低于用人单位所在地人民政府规定的最低小时工资标准。

非全日制用工劳动报酬结算支付周期最长不得超过十五日。

第六章 监督检查

第七十三条 国务院劳动行政部门负责全国劳动合同制度实施的监督管理。

县级以上地方人民政府劳动行政部门负责本行政区域内劳动合同制度实施的监督管理。

县级以上各级人民政府劳动行政部门在劳动合同制度实施的监督管理工作中,应当听取工会、企业方面代表以及有关行业主管部门的意见。

第七十四条 县级以上地方人民政府劳动行政部门依法对下列实施劳动合同制度的情况进行监督检查:

(一)用人单位制定直接涉及劳动者切身利益的规章制度及其执行的情况;

(二)用人单位与劳动者订立和解除劳动合同的情况;

（三）劳务派遣单位和用工单位遵守劳务派遣有关规定的情况；

（四）用人单位遵守国家关于劳动者工作时间和休息休假规定的情况；

（五）用人单位支付劳动合同约定的劳动报酬和执行最低工资标准的情况；

（六）用人单位参加各项社会保险和缴纳社会保险费的情况；

（七）法律、法规规定的其他劳动监察事项。

第七十五条 县级以上地方人民政府劳动行政部门实施监督检查时，有权查阅与劳动合同、集体合同有关的材料，有权对劳动场所进行实地检查，用人单位和劳动者都应当如实提供有关情况和材料。

劳动行政部门的工作人员进行监督检查，应当出示证件，依法行使职权，文明执法。

第七十六条 县级以上人民政府建设、卫生、安全生产监督管理等有关主管部门在各自职责范围内，对用人单位执行劳动合同制度的情况进行监督管理。

第七十七条 劳动者合法权益受到侵害的，有权要求有关部门依法处理，或者依法申请仲裁、提起诉讼。

第七十八条 工会依法维护劳动者的合法权益，对用人单位履行劳动合同、集体合同的情况进行监督。用人单位违反劳动法律、法规和劳动合同、集体合同的，工会有权提出意见或者要求纠正；劳动者申请仲裁、提起诉讼的，工会依法给予支持和帮助。

第七十九条 任何组织或者个人对违反本法的行为都有权举报，县级以上人民政府劳动行政部门应当及时核实、处理，并对举报有功人员给予奖励。

第七章 法律责任

第八十条 用人单位直接涉及劳动者切身利益的规章制度违反法律、法规规定的，由劳动行政部门责令改正，给予警告；给劳动者造成损害的，应当承担赔偿责任。

第八十一条 用人单位提供的劳动合同文本未载明本法规定的劳动合同必备条款或者用人单位未将劳动合同文本交付劳动者的，由劳动行政部门责令改正；给劳动者造成损害的，应当承担赔偿责任。

第八十二条 用人单位自用工之日起超过一个月不满一年未与劳动者订立书面劳动合同的，应当向劳动者每月支付二倍的工资。

用人单位违反本法规定不与劳动者订立无固定期限劳动合同的，自应当订立无固定期限劳动合同之日起向劳动者每月支付二倍的工资。

第八十三条 用人单位违反本法规定与劳动者约定试用期的，由劳动行政部门责令改正；违法约定的试用期已经履行的，由用人单位以劳动者试用期满月工资为标准，按已经履行的超过法定试用期的期间向劳动者支付赔偿金。

第八十四条 用人单位违反本法规定，扣押劳动者居民身份证等证件的，由劳动行政部门责令限期退还劳动者本人，并依照有关法律规定给予处罚。

用人单位违反本法规定，以担保或者其他名义向劳动者收取财物的，由劳动行政部门责令限期退还劳动者本人，并以每人五百元以上二千元以下的标准处以罚款；给劳动者造成损害的，应当承担赔偿责任。

劳动者依法解除或者终止劳动合同，用人单位扣押劳动者档案或者其他物品的，依照前款规定处罚。

第八十五条 用人单位有下列情形之一的，由劳动行政部门责令限期支付劳动报酬、加班费或者经济补偿；劳动报酬低于当地最低工资标准的，应当支付其差额部分；逾期不支付的，责令用人单位按应付金额百分之五十以上百分之一百以下的标准向劳动者加付赔偿金：

（一）未按照劳动合同的约定或者国家规定及时足额支付劳动者劳动报酬的；

（二）低于当地最低工资标准支付劳动者工资的；

（三）安排加班不支付加班费的；

（四）解除或者终止劳动合同，未依照本法规定向劳动者支付经济补偿的。

第八十六条 劳动合同依照本法第二十六条规定被确认无效，给对方造成损害的，有过错的一方应当承担赔偿责任。

第八十七条 用人单位违反本法规定解除或者终止劳动合同的，应当依照本法第四十七条规定的经济补偿标准的二倍向劳动者支付赔偿金。

第八十八条 用人单位有下列情形之一的，依法给予行政处罚；构成犯罪的，依法追究刑事责任；给劳动者造成损害的，应当承担赔偿责任：

（一）以暴力、威胁或者非法限制人身自由的手段强迫劳动的；

（二）违章指挥或者强令冒险作业危及劳动者人身安全的；

（三）侮辱、体罚、殴打、非法搜查或者拘禁劳动者的；

（四）劳动条件恶劣、环境污染严重，给劳动者身心健康造成严重损害的。

第八十九条 用人单位违反本法规定未向劳动者出具解除或者终止劳动合同的书面证明,由劳动行政部门责令改正;给劳动者造成损害的,应当承担赔偿责任。

第九十条 劳动者违反本法规定解除劳动合同,或者违反劳动合同中约定的保密义务或者竞业限制,给用人单位造成损失的,应当承担赔偿责任。

第九十一条 用人单位招用与其他用人单位尚未解除或者终止劳动合同的劳动者,给其他用人单位造成损失的,应当承担连带赔偿责任。

第九十二条 违反本法规定,未经许可,擅自经营劳务派遣业务的,由劳动行政部门责令停止违法行为,没收违法所得,并处违法所得一倍以上五倍以下的罚款;没有违法所得的,可以处五万元以下的罚款。

劳务派遣单位、用工单位违反本法有关劳务派遣规定的,由劳动行政部门责令限期改正;逾期不改正的,以每人五千元以上一万元以下的标准处以罚款,对劳务派遣单位,吊销其劳务派遣业务经营许可证。用工单位给被派遣劳动者造成损害的,劳务派遣单位与用工单位承担连带赔偿责任。

第九十三条 对不具备合法经营资格的用人单位的违法犯罪行为,依法追究法律责任;劳动者已经付出劳动的,该单位或者其出资人应当依照本法有关规定向劳动者支付劳动报酬、经济补偿、赔偿金;给劳动者造成损害的,应当承担赔偿责任。

第九十四条 个人承包经营违反本法规定招用劳动者,给劳动者造成损害的,发包的组织与个人承包经营者承担连带赔偿责任。

第九十五条 劳动行政部门和其他有关主管部门及其工作人

员玩忽职守、不履行法定职责，或者违法行使职权，给劳动者或者用人单位造成损害的，应当承担赔偿责任；对直接负责的主管人员和其他直接责任人员，依法给予行政处分；构成犯罪的，依法追究刑事责任。

第八章 附 则

第九十六条 事业单位与实行聘用制的工作人员订立、履行、变更、解除或者终止劳动合同，法律、行政法规或者国务院另有规定的，依照其规定；未作规定的，依照本法有关规定执行。

第九十七条 本法施行前已依法订立且在本法施行之日存续的劳动合同，继续履行；本法第十四条第二款第三项规定连续订立固定期限劳动合同的次数，自本法施行后续订固定期限劳动合同时开始计算。

本法施行前已建立劳动关系，尚未订立书面劳动合同的，应当自本法施行之日起一个月内订立。

本法施行之日存续的劳动合同在本法施行后解除或者终止，依照本法第四十六条规定应当支付经济补偿的，经济补偿年限自本法施行之日起计算；本法施行前按照当时有关规定，用人单位应当向劳动者支付经济补偿的，按照当时有关规定执行。

第九十八条 本法自 2008 年 1 月 1 日起施行。

劳务派遣暂行规定

中华人民共和国人力资源和社会保障部令（第 22 号）

第一章 总 则

第一条 为规范劳务派遣，维护劳动者的合法权益，促进劳动关系和谐稳定，依据《中华人民共和国劳动合同法》（以下简称劳动合同法）和《中华人民共和国劳动合同法实施条例》（以下简称劳动合同法实施条例）等法律、行政法规，制定本规定。

第二条 劳务派遣单位经营劳务派遣业务，企业（以下称用工单位）使用被派遣劳动者，适用本规定。

依法成立的会计师事务所、律师事务所等合伙组织和基金会以及民办非企业单位等组织使用被派遣劳动者，依照本规定执行。

第二章 用工范围和用工比例

第三条 用工单位只能在临时性、辅助性或者替代性的工作岗位上使用被派遣劳动者。

前款规定的临时性工作岗位是指存续时间不超过6个月的岗位；辅助性工作岗位是指为主营业务岗位提供服务的非主营业务岗位；替代性工作岗位是指用工单位的劳动者因脱产学习、休假等原因无法工作的一定期间内，可以由其他劳动者替代工作的岗位。

用工单位决定使用被派遣劳动者的辅助性岗位，应当经职工代表大会或者全体职工讨论，提出方案和意见，与工会或职工代表平等协商确定，并在用工单位内公示。

第四条 用工单位应当严格控制劳务派遣用工数量，使用的被派遣劳动者数量不得超过其用工总量的10%。

前款所称用工总量是指用工单位订立劳动合同人数与使用的被派遣劳动者人数之和。

计算劳务派遣用工比例的用工单位是指依照劳动合同法和劳动合同法实施条例可以与劳动者订立劳动合同的用人单位。

第三章 劳动合同、劳务派遣协议的订立和履行

第五条 劳务派遣单位应当依法与被派遣劳动者订立2年以

上的固定期限书面劳动合同。

第六条 劳务派遣单位可以依法与被派遣劳动者约定试用期。劳务派遣单位与同一被派遣劳动者只能约定一次试用期。

第七条 劳务派遣协议应当载明下列内容：

（一）派遣的工作岗位名称和岗位性质；

（二）工作地点；

（三）派遣人员数量和派遣期限；

（四）按照同工同酬原则确定的劳动报酬数额和支付方式；

（五）社会保险费的数额和支付方式；

（六）工作时间和休息休假事项；

（七）被派遣劳动者工伤、生育或者患病期间的相关待遇；

（八）劳动安全卫生以及培训事项；

（九）经济补偿等费用；

（十）劳务派遣协议期限；

（十一）劳务派遣服务费的支付方式和标准；

（十二）违反劳务派遣协议的责任；

（十三）法律、法规、规章规定应当纳入劳务派遣协议的其他事项。

第八条 劳务派遣单位应当对被派遣劳动者履行下列义务：

（一）如实告知被派遣劳动者劳动合同法第八条规定的事项、应遵守的规章制度以及劳务派遣协议的内容；

（二）建立培训制度，对被派遣劳动者进行上岗知识、安全教育培训；

（三）按照国家规定和劳务派遣协议约定，依法支付被派遣劳动者的劳动报酬和相关待遇；

（四）按照国家规定和劳务派遣协议约定，依法为被派遣劳动者缴纳社会保险费，并办理社会保险相关手续；

（五）督促用工单位依法为被派遣劳动者提供劳动保护和劳动安全卫生条件；

（六）依法出具解除或者终止劳动合同的证明；

（七）协助处理被派遣劳动者与用工单位的纠纷；

（八）法律、法规和规章规定的其他事项。

第九条 用工单位应当按照劳动合同法第六十二条规定，向被派遣劳动者提供与工作岗位相关的福利待遇，不得歧视被派遣劳动者。

第十条 被派遣劳动者在用工单位因工作遭受事故伤害的，劳务派遣单位应当依法申请工伤认定，用工单位应当协助工伤认定的调查核实工作。劳务派遣单位承担工伤保险责任，但可以与用工单位约定补偿办法。

被派遣劳动者在申请进行职业病诊断、鉴定时，用工单位应当负责处理职业病诊断、鉴定事宜，并如实提供职业病诊断、鉴定所需的劳动者职业史和职业危害接触史、工作场所职业病危害因素检测结果等资料，劳务派遣单位应当提供被派遣劳动者职业病诊断、鉴定所需的其他材料。

第十一条 劳务派遣单位行政许可有效期未延续或者《劳务派遣经营许可证》被撤销、吊销的，已经与被派遣劳动者依法订立的劳动合同应当履行至期限届满。双方经协商一致，可以解除劳动合同。

第十二条 有下列情形之一的，用工单位可以将被派遣劳动者退回劳务派遣单位：

（一）用工单位有劳动合同法第四十条第三项、第四十一条规定情形的；

（二）用工单位被依法宣告破产、吊销营业执照、责令关闭、撤销、决定提前解散或者经营期限届满不再继续经营的；

（三）劳务派遣协议期满终止的。

被派遣劳动者退回后在无工作期间，劳务派遣单位应当按照不低于所在地人民政府规定的最低工资标准，向其按月支付报酬。

第十三条　被派遣劳动者有劳动合同法第四十二条规定情形的，在派遣期限届满前，用工单位不得依据本规定第十二条第一款第一项规定将被派遣劳动者退回劳务派遣单位；派遣期限届满的，应当延续至相应情形消失时方可退回。

第四章　劳动合同的解除和终止

第十四条　被派遣劳动者提前30日以书面形式通知劳务派遣单位，可以解除劳动合同。被派遣劳动者在试用期内提前3日通知劳务派遣单位，可以解除劳动合同。劳务派遣单位应当将被派遣劳动者通知解除劳动合同的情况及时告知用工单位。

第十五条　被派遣劳动者因本规定第十二条规定被用工单位退回，劳务派遣单位重新派遣时维持或者提高劳动合同约定条件，被派遣劳动者不同意的，劳务派遣单位可以解除劳动合同。

被派遣劳动者因本规定第十二条规定被用工单位退回，劳务派遣单位重新派遣时降低劳动合同约定条件，被派遣劳动者不同意的，劳务派遣单位不得解除劳动合同。但被派遣劳动者提出解除劳动合同的除外。

第十六条　劳务派遣单位被依法宣告破产、吊销营业执照、责令关闭、撤销、决定提前解散或者经营期限届满不再继续经营的，劳动合同终止。用工单位应当与劳务派遣单位协商妥善安置被派遣劳动者。

第十七条　劳务派遣单位因劳动合同法第四十六条或者本规

定第十五条、第十六条规定的情形，与被派遣劳动者解除或者终止劳动合同的，应当依法向被派遣劳动者支付经济补偿。

第五章　跨地区劳务派遣的社会保险

第十八条　劳务派遣单位跨地区派遣劳动者的，应当在用工单位所在地为被派遣劳动者参加社会保险，按照用工单位所在地的规定缴纳社会保险费，被派遣劳动者按照国家规定享受社会保险待遇。

第十九条　劳务派遣单位在用工单位所在地设立分支机构的，由分支机构为被派遣劳动者办理参保手续，缴纳社会保险费。

劳务派遣单位未在用工单位所在地设立分支机构的，由用工单位代劳务派遣单位为被派遣劳动者办理参保手续，缴纳社会保险费。

第六章　法律责任

第二十条　劳务派遣单位、用工单位违反劳动合同法和劳动合同法实施条例有关劳务派遣规定的，按照劳动合同法第九十二条规定执行。

第二十一条　劳务派遣单位违反本规定解除或者终止被派遣劳动者劳动合同的，按照劳动合同法第四十八条、第八十七条规定执行。

第二十二条　用工单位违反本规定第三条第三款规定的，由人力资源社会保障行政部门责令改正，给予警告；给被派遣劳动者造成损害的，依法承担赔偿责任。

第二十三条　劳务派遣单位违反本规定第六条规定的，按照劳动合同法第八十三条规定执行。

第二十四条　用工单位违反本规定退回被派遣劳动者的，按照劳动合同法第九十二条第二款规定执行。

第七章　附　则

第二十五条　外国企业常驻代表机构和外国金融机构驻华代表机构等使用被派遣劳动者的，以及船员用人单位以劳务派遣形式使用国际远洋海员的，不受临时性、辅助性、替代性岗位和劳务派遣用工比例的限制。

第二十六条　用人单位将本单位劳动者派往境外工作或者派往家庭、自然人处提供劳动的，不属于本规定所称劳务派遣。

第二十七条　用人单位以承揽、外包等名义，按劳务派遣用工形式使用劳动者的，按照本规定处理。

第二十八条　用工单位在本规定施行前使用被派遣劳动者数量超过其用工总量10%的，应当制定调整用工方案，于本规定施行之日起2年内降至规定比例。但是，《全国人民代表大会常务委员会关于修改〈中华人民共和国劳动合同法〉的决定》公布前已依法订立的劳动合同和劳务派遣协议期限届满日期在本规定施行之日起2年后的，可以依法继续履行至期限届满。

用工单位应当将制定的调整用工方案报当地人力资源社会保障行政部门备案。

用工单位未将本规定施行前使用的被派遣劳动者数量降至符合规定比例之前，不得新用被派遣劳动者。

第二十九条　本规定自2014年3月1日起施行。

职工带薪年休假条例

中华人民共和国国务院令（第514号）

第一条　为了维护职工休息休假权利，调动职工工作积极性，根据劳动法和公务员法，制定本条例。

第二条 机关、团体、企业、事业单位、民办非企业单位、有雇工的个体工商户等单位的职工连续工作1年以上的，享受带薪年休假（以下简称年休假）。单位应当保证职工享受年休假。职工在年休假期间享受与正常工作期间相同的工资收入。

第三条 职工累计工作已满1年不满10年的，年休假5天；已满10年不满20年的，年休假10天；已满20年的，年休假15天。

国家法定休假日、休息日不计入年休假的假期。

第四条 职工有下列情形之一的，不享受当年的年休假：

（一）职工依法享受寒暑假，其休假天数多于年休假天数的；

（二）职工请事假累计20天以上且单位按照规定不扣工资的；

（三）累计工作满1年不满10年的职工，请病假累计2个月以上的；

（四）累计工作满10年不满20年的职工，请病假累计3个月以上的；

（五）累计工作满20年以上的职工，请病假累计4个月以上的。

第五条 单位根据生产、工作的具体情况，并考虑职工本人意愿，统筹安排职工年休假。

年休假在1个年度内可以集中安排，也可以分段安排，一般不跨年度安排。单位因生产、工作特点确有必要跨年度安排职工年休假的，可以跨1个年度安排。

单位确因工作需要不能安排职工休年休假的，经职工本人同意，可以不安排职工休年休假。对职工应休未休的年休假天数，单位应当按照该职工日工资收入的300%支付年休假工资报酬。

第六条 县级以上地方人民政府人事部门、劳动保障部门应当依据职权对单位执行本条例的情况主动进行监督检查。

工会组织依法维护职工的年休假权利。

第七条 单位不安排职工休年休假又不依照本条例规定给予年休假工资报酬的，由县级以上地方人民政府人事部门或者劳动保障部门依据职权责令限期改正；对逾期不改正的，除责令该单位支付年休假工资报酬外，单位还应当按照年休假工资报酬的数额向职工加付赔偿金；对拒不支付年休假工资报酬、赔偿金的，属于公务员和参照公务员法管理的人员所在单位的，对直接负责的主管人员以及其他直接责任人员依法给予处分；属于其他单位的，由劳动保障部门、人事部门或者职工申请人民法院强制执行。

第八条 职工与单位因年休假发生的争议，依照国家有关法律、行政法规的规定处理。

第九条 国务院人事部门、国务院劳动保障部门依据职权，分别制定本条例的实施办法。

第十条 本条例自 2008 年 1 月 1 日起施行。

最高人民法院关于审理劳动争议案件适用法律问题的解释（一）

（法释〔2020〕26号）

为正确审理劳动争议案件，根据《中华人民共和国民法典》《中华人民共和国劳动法》《中华人民共和国劳动合同法》《中华人民共和国劳动争议调解仲裁法》《中华人民共和国民事诉讼法》等相关法律规定，结合审判实践，制定本解释。

第一条 劳动者与用人单位之间发生的下列纠纷，属于劳动争议，当事人不服劳动争议仲裁机构作出的裁决，依法提起诉讼的，人民法院应予受理：

（一）劳动者与用人单位在履行劳动合同过程中发生的纠纷；

（二）劳动者与用人单位之间没有订立书面劳动合同，但已形成劳动关系后发生的纠纷；

（三）劳动者与用人单位因劳动关系是否已经解除或者终止，以及应否支付解除或者终止劳动关系经济补偿金发生的纠纷；

（四）劳动者与用人单位解除或者终止劳动关系后，请求用人单位返还其收取的劳动合同定金、保证金、抵押金、抵押物发生的纠纷，或者办理劳动者的人事档案、社会保险关系等移转手续发生的纠纷；

（五）劳动者以用人单位未为其办理社会保险手续，且社会保险经办机构不能补办导致其无法享受社会保险待遇为由，要求用人单位赔偿损失发生的纠纷；

（六）劳动者退休后，与尚未参加社会保险统筹的原用人单位因追索养老金、医疗费、工伤保险待遇和其他社会保险待遇而发生的纠纷；

（七）劳动者因为工伤、职业病，请求用人单位依法给予工伤保险待遇发生的纠纷；

（八）劳动者依据劳动合同法第八十五条规定，要求用人单位支付加付赔偿金发生的纠纷；

（九）因企业自主进行改制发生的纠纷。

第二条 下列纠纷不属于劳动争议：

（一）劳动者请求社会保险经办机构发放社会保险金的纠纷；

（二）劳动者与用人单位因住房制度改革产生的公有住房转让纠纷；

（三）劳动者对劳动能力鉴定委员会的伤残等级鉴定结论或者

对职业病诊断鉴定委员会的职业病诊断鉴定结论的异议纠纷；

（四）家庭或者个人与家政服务人员之间的纠纷；

（五）个体工匠与帮工、学徒之间的纠纷；

（六）农村承包经营户与受雇人之间的纠纷。

第三条 劳动争议案件由用人单位所在地或者劳动合同履行地的基层人民法院管辖。

劳动合同履行地不明确的，由用人单位所在地的基层人民法院管辖。

法律另有规定的，依照其规定。

第四条 劳动者与用人单位均不服劳动争议仲裁机构的同一裁决，向同一人民法院起诉的，人民法院应当并案审理，双方当事人互为原告和被告，对双方的诉讼请求，人民法院应当一并作出裁决。在诉讼过程中，一方当事人撤诉的，人民法院应当根据另一方当事人的诉讼请求继续审理。双方当事人就同一仲裁裁决分别向有管辖权的人民法院起诉的，后受理的人民法院应当将案件移送给先受理的人民法院。

第五条 劳动争议仲裁机构以无管辖权为由对劳动争议案件不予受理，当事人提起诉讼的，人民法院按照以下情形分别处理：

（一）经审查认为该劳动争议仲裁机构对案件确无管辖权的，应当告知当事人向有管辖权的劳动争议仲裁机构申请仲裁；

（二）经审查认为该劳动争议仲裁机构有管辖权的，应当告知当事人申请仲裁，并将审查意见书面通知该劳动争议仲裁机构；劳动争议仲裁机构仍不受理，当事人就该劳动争议事项提起诉讼的，人民法院应予受理。

第六条 劳动争议仲裁机构以当事人申请仲裁的事项不属于劳动争议为由，作出不予受理的书面裁决、决定或者通知，当事

人不服依法提起诉讼的,人民法院应当分别情况予以处理:

(一)属于劳动争议案件的,应当受理;

(二)虽不属于劳动争议案件,但属于人民法院主管的其他案件,应当依法受理。

第七条 劳动争议仲裁机构以申请仲裁的主体不适格为由,作出不予受理的书面裁决、决定或者通知,当事人不服依法提起诉讼,经审查确属主体不适格的,人民法院不予受理;已经受理的,裁定驳回起诉。

第八条 劳动争议仲裁机构为纠正原仲裁裁决错误重新作出裁决,当事人不服依法提起诉讼的,人民法院应当受理。

第九条 劳动争议仲裁机构仲裁的事项不属于人民法院受理的案件范围,当事人不服依法提起诉讼的,人民法院不予受理;已经受理的,裁定驳回起诉。

第十条 当事人不服劳动争议仲裁机构作出的预先支付劳动者劳动报酬、工伤医疗费、经济补偿或者赔偿金的裁决,依法提起诉讼的,人民法院不予受理。

用人单位不履行上述裁决中的给付义务,劳动者依法申请强制执行的,人民法院应予受理。

第十一条 劳动争议仲裁机构作出的调解书已经发生法律效力,一方当事人反悔提起诉讼的,人民法院不予受理;已经受理的,裁定驳回起诉。

第十二条 劳动争议仲裁机构逾期未作出受理决定或仲裁裁决,当事人直接提起诉讼的,人民法院应予受理,但申请仲裁的案件存在下列事由的除外:

(一)移送管辖的;

(二)正在送达或者送达延误的;

（三）等待另案诉讼结果、评残结论的；

（四）正在等待劳动争议仲裁机构开庭的；

（五）启动鉴定程序或者委托其他部门调查取证的；

（六）其他正当事由。

当事人以劳动争议仲裁机构逾期未作出仲裁裁决为由提起诉讼的，应当提交该仲裁机构出具的受理通知书或者其他已接受仲裁申请的凭证、证明。

第十三条 劳动者依据劳动合同法第三十条第二款和调解仲裁法第十六条规定向人民法院申请支付令，符合民事诉讼法第十七章督促程序规定的，人民法院应予受理。

依据劳动合同法第三十条第二款规定申请支付令被人民法院裁定终结督促程序后，劳动者就劳动争议事项直接提起诉讼的，人民法院应当告知其先向劳动争议仲裁机构申请仲裁。

依据调解仲裁法第十六条规定申请支付令被人民法院裁定终结督促程序后，劳动者依据调解协议直接提起诉讼的，人民法院应予受理。

第十四条 人民法院受理劳动争议案件后，当事人增加诉讼请求的，如该诉讼请求与讼争的劳动争议具有不可分性，应当合并审理；如属独立的劳动争议，应当告知当事人向劳动争议仲裁机构申请仲裁。

第十五条 劳动者以用人单位的工资欠条为证据直接提起诉讼，诉讼请求不涉及劳动关系其他争议的，视为拖欠劳动报酬争议，人民法院按照普通民事纠纷受理。

第十六条 劳动争议仲裁机构作出仲裁裁决后，当事人对裁决中的部分事项不服，依法提起诉讼的，劳动争议仲裁裁决不发生法律效力。

第十七条 劳动争议仲裁机构对多个劳动者的劳动争议作出仲裁裁决后，部分劳动者对仲裁裁决不服，依法提起诉讼的，仲裁裁决对提起诉讼的劳动者不发生法律效力；对未提起诉讼的部分劳动者，发生法律效力，如其申请执行的，人民法院应当受理。

第十八条 仲裁裁决的类型以仲裁裁决书确定为准。仲裁裁决书未载明该裁决为终局裁决或者非终局裁决，用人单位不服该仲裁裁决向基层人民法院提起诉讼的，应当按照以下情形分别处理：

（一）经审查认为该仲裁裁决为非终局裁决的，基层人民法院应予受理；

（二）经审查认为该仲裁裁决为终局裁决的，基层人民法院不予受理，但应告知用人单位可以自收到不予受理裁定书之日起三十日内向劳动争议仲裁机构所在地的中级人民法院申请撤销该仲裁裁决；已经受理的，裁定驳回起诉。

第十九条 仲裁裁决书未载明该裁决为终局裁决或者非终局裁决，劳动者依据调解仲裁法第四十七条第一项规定，追索劳动报酬、工伤医疗费、经济补偿或者赔偿金，如果仲裁裁决涉及数项，每项确定的数额均不超过当地月最低工资标准十二个月金额的，应当按照终局裁决处理。

第二十条 劳动争议仲裁机构作出的同一仲裁裁决同时包含终局裁决事项和非终局裁决事项，当事人不服该仲裁裁决向人民法院提起诉讼的，应当按照非终局裁决处理。

第二十一条 劳动者依据调解仲裁法第四十八条规定向基层人民法院提起诉讼，用人单位依据调解仲裁法第四十九条规定向劳动争议仲裁机构所在地的中级人民法院申请撤销仲裁裁决的，中级人民法院应当不予受理；已经受理的，应当裁定驳回申请。

被人民法院驳回起诉或者劳动者撤诉的，用人单位可以自收到裁定书之日起三十日内，向劳动争议仲裁机构所在地的中级人民法院申请撤销仲裁裁决。

第二十二条　用人单位依据调解仲裁法第四十九条规定向中级人民法院申请撤销仲裁裁决，中级人民法院作出的驳回申请或者撤销仲裁裁决的裁定为终审裁定。

第二十三条　中级人民法院审理用人单位申请撤销终局裁决的案件，应当组成合议庭开庭审理。经过阅卷、调查和询问当事人，对没有新的事实、证据或者理由，合议庭认为不需要开庭审理的，可以不开庭审理。

中级人民法院可以组织双方当事人调解。达成调解协议的，可以制作调解书。一方当事人逾期不履行调解协议的，另一方可以申请人民法院强制执行。

第二十四条　当事人申请人民法院执行劳动争议仲裁机构作出的发生法律效力的裁决书、调解书，被申请人提出证据证明劳动争议仲裁裁决书、调解书有下列情形之一，并经审查核实的，人民法院可以根据民事诉讼法第二百三十七条规定，裁定不予执行：

（一）裁决的事项不属于劳动争议仲裁范围，或者劳动争议仲裁机构无权仲裁的；

（二）适用法律、法规确有错误的；

（三）违反法定程序的；

（四）裁决所根据的证据是伪造的；

（五）对方当事人隐瞒了足以影响公正裁决的证据的；

（六）仲裁员在仲裁该案时有索贿受贿、徇私舞弊、枉法裁决行为的；

（七）人民法院认定执行该劳动争议仲裁裁决违背社会公共利益的。

人民法院在不予执行的裁定书中，应当告知当事人在收到裁定书之次日起三十日内，可以就该劳动争议事项向人民法院提起诉讼。

第二十五条 劳动争议仲裁机构作出终局裁决，劳动者向人民法院申请执行，用人单位向劳动争议仲裁机构所在地的中级人民法院申请撤销的，人民法院应当裁定中止执行。

用人单位撤回撤销终局裁决申请或者其申请被驳回的，人民法院应当裁定恢复执行。仲裁裁决被撤销的，人民法院应当裁定终结执行。

用人单位向人民法院申请撤销仲裁裁决被驳回后，又在执行程序中以相同理由提出不予执行抗辩的，人民法院不予支持。

第二十六条 用人单位与其他单位合并的，合并前发生的劳动争议，由合并后的单位为当事人；用人单位分立为若干单位的，其分立前发生的劳动争议，由分立后的实际用人单位为当事人。

用人单位分立为若干单位后，具体承受劳动权利义务的单位不明确的，分立后的单位均为当事人。

第二十七条 用人单位招用尚未解除劳动合同的劳动者，原用人单位与劳动者发生的劳动争议，可以列新的用人单位为第三人。

原用人单位以新的用人单位侵权为由提起诉讼的，可以列劳动者为第三人。

原用人单位以新的用人单位和劳动者共同侵权为由提起诉讼的，新的用人单位和劳动者列为共同被告。

第二十八条 劳动者在用人单位与其他平等主体之间的承包

经营期间，与发包方和承包方双方或者一方发生劳动争议，依法提起诉讼的，应当将承包方和发包方作为当事人。

第二十九条 劳动者与未办理营业执照、营业执照被吊销或者营业期限届满仍继续经营的用人单位发生争议的，应当将用人单位或者其出资人列为当事人。

第三十条 未办理营业执照、营业执照被吊销或者营业期限届满仍继续经营的用人单位，以挂靠等方式借用他人营业执照经营的，应当将用人单位和营业执照出借方列为当事人。

第三十一条 当事人不服劳动争议仲裁机构作出的仲裁裁决，依法提起诉讼，人民法院审查认为仲裁裁决遗漏了必须共同参加仲裁的当事人的，应当依法追加遗漏的人为诉讼当事人。

被追加的当事人应当承担责任的，人民法院应当一并处理。

第三十二条 用人单位与其招用的已经依法享受养老保险待遇或者领取退休金的人员发生用工争议而提起诉讼的，人民法院应当按劳务关系处理。

企业停薪留职人员、未达到法定退休年龄的内退人员、下岗待岗人员以及企业经营性停产放长假人员，因与新的用人单位发生用工争议而提起诉讼的，人民法院应当按劳动关系处理。

第三十三条 外国人、无国籍人未依法取得就业证件即与中华人民共和国境内的用人单位签订劳动合同，当事人请求确认与用人单位存在劳动关系的，人民法院不予支持。

持有《外国专家证》并取得《外国人来华工作许可证》的外国人，与中华人民共和国境内的用人单位建立用工关系的，可以认定为劳动关系。

第三十四条 劳动合同期满后，劳动者仍在原用人单位工作，原用人单位未表示异议的，视为双方同意以原条件继续履行劳动合同。一方提出终止劳动关系的，人民法院应予支持。

根据劳动合同法第十四条规定，用人单位应当与劳动者签订无固定期限劳动合同而未签订的，人民法院可以视为双方之间存在无固定期限劳动合同关系，并以原劳动合同确定双方的权利义务关系。

第三十五条 劳动者与用人单位就解除或者终止劳动合同办理相关手续、支付工资报酬、加班费、经济补偿或者赔偿金等达成的协议，不违反法律、行政法规的强制性规定，且不存在欺诈、胁迫或者乘人之危情形的，应当认定有效。

前款协议存在重大误解或者显失公平情形，当事人请求撤销的，人民法院应予支持。

第三十六条 当事人在劳动合同或者保密协议中约定了竞业限制，但未约定解除或者终止劳动合同后给予劳动者经济补偿，劳动者履行了竞业限制义务，要求用人单位按照劳动者在劳动合同解除或者终止前十二个月平均工资的 30% 按月支付经济补偿的，人民法院应予支持。

前款规定的月平均工资的 30% 低于劳动合同履行地最低工资标准的，按照劳动合同履行地最低工资标准支付。

第三十七条 当事人在劳动合同或者保密协议中约定了竞业限制和经济补偿，当事人解除劳动合同时，除另有约定外，用人单位要求劳动者履行竞业限制义务，或者劳动者履行了竞业限制义务后要求用人单位支付经济补偿的，人民法院应予支持。

第三十八条 当事人在劳动合同或者保密协议中约定了竞业限制和经济补偿，劳动合同解除或者终止后，因用人单位的原因导致三个月未支付经济补偿，劳动者请求解除竞业限制约定的，人民法院应予支持。

第三十九条　在竞业限制期限内，用人单位请求解除竞业限制协议的，人民法院应予支持。

在解除竞业限制协议时，劳动者请求用人单位额外支付劳动者三个月的竞业限制经济补偿的，人民法院应予支持。

第四十条　劳动者违反竞业限制约定，向用人单位支付违约金后，用人单位要求劳动者按照约定继续履行竞业限制义务的，人民法院应予支持。

第四十一条　劳动合同被确认为无效，劳动者已付出劳动的，用人单位应当按照劳动合同法第二十八条、第四十六条、第四十七条的规定向劳动者支付劳动报酬和经济补偿。

由于用人单位原因订立无效劳动合同，给劳动者造成损害的，用人单位应当赔偿劳动者因合同无效所造成的经济损失。

第四十二条　劳动者主张加班费的，应当就加班事实的存在承担举证责任。但劳动者有证据证明用人单位掌握加班事实存在的证据，用人单位不提供的，由用人单位承担不利后果。

第四十三条　用人单位与劳动者协商一致变更劳动合同，虽未采用书面形式，但已经实际履行了口头变更的劳动合同超过一个月，变更后的劳动合同内容不违反法律、行政法规且不违背公序良俗，当事人以未采用书面形式为由主张劳动合同变更无效的，人民法院不予支持。

第四十四条　因用人单位作出的开除、除名、辞退、解除劳动合同、减少劳动报酬、计算劳动者工作年限等决定而发生的劳动争议，用人单位负举证责任。

第四十五条　用人单位有下列情形之一，迫使劳动者提出解除劳动合同的，用人单位应当支付劳动者的劳动报酬和经济补偿，并可支付赔偿金：

（一）以暴力、威胁或者非法限制人身自由的手段强迫劳动的；

（二）未按照劳动合同约定支付劳动报酬或者提供劳动条件的；

（三）克扣或者无故拖欠劳动者工资的；

（四）拒不支付劳动者延长工作时间工资报酬的；

（五）低于当地最低工资标准支付劳动者工资的。

第四十六条 劳动者非因本人原因从原用人单位被安排到新用人单位工作，原用人单位未支付经济补偿，劳动者依据劳动合同法第三十八条规定与新用人单位解除劳动合同，或者新用人单位向劳动者提出解除、终止劳动合同，在计算支付经济补偿或赔偿金的工作年限时，劳动者请求把在原用人单位的工作年限合并计算为新用人单位工作年限的，人民法院应予支持。

用人单位符合下列情形之一的，应当认定属于"劳动者非因本人原因从原用人单位被安排到新用人单位工作"：

（一）劳动者仍在原工作场所、工作岗位工作，劳动合同主体由原用人单位变更为新用人单位；

（二）用人单位以组织委派或任命形式对劳动者进行工作调动；

（三）因用人单位合并、分立等原因导致劳动者工作调动；

（四）用人单位及其关联企业与劳动者轮流订立劳动合同；

（五）其他合理情形。

第四十七条 建立了工会组织的用人单位解除劳动合同符合劳动合同法第三十九条、第四十条规定，但未按照劳动合同法第四十三条规定事先通知工会，劳动者以用人单位违法解除劳动合同为由请求用人单位支付赔偿金的，人民法院应予支持，但起诉前用人单位已经补正有关程序的除外。

第四十八条 劳动合同法施行后，因用人单位经营期限届满不再继续经营导致劳动合同不能继续履行，劳动者请求用人单位支付经济补偿的，人民法院应予支持。

第四十九条 在诉讼过程中，劳动者向人民法院申请采取财产保全措施，人民法院经审查认为申请人经济确有困难，或者有证据证明用人单位存在欠薪逃匿可能的，应当减轻或者免除劳动者提供担保的义务，及时采取保全措施。

人民法院作出的财产保全裁定中，应当告知当事人在劳动争议仲裁机构的裁决书或者在人民法院的裁判文书生效后三个月内申请强制执行。逾期不申请的，人民法院应当裁定解除保全措施。

第五十条 用人单位根据劳动合同法第四条规定，通过民主程序制定的规章制度，不违反国家法律、行政法规及政策规定，并已向劳动者公示的，可以作为确定双方权利义务的依据。

用人单位制定的内部规章制度与集体合同或者劳动合同约定的内容不一致，劳动者请求优先适用合同约定的，人民法院应予支持。

第五十一条 当事人在调解仲裁法第十条规定的调解组织主持下达成的具有劳动权利义务内容的调解协议，具有劳动合同的约束力，可以作为人民法院裁判的根据。

当事人在调解仲裁法第十条规定的调解组织主持下仅就劳动报酬争议达成调解协议，用人单位不履行调解协议确定的给付义务，劳动者直接提起诉讼的，人民法院可以按照普通民事纠纷受理。

第五十二条 当事人在人民调解委员会主持下仅就给付义务达成的调解协议，双方认为有必要的，可以共同向人民调解委员会所在地的基层人民法院申请司法确认。

第五十三条 用人单位对劳动者作出的开除、除名、辞退等处理，或者因其他原因解除劳动合同确有错误的，人民法院可以依法判决予以撤销。

对于追索劳动报酬、养老金、医疗费以及工伤保险待遇、经济补偿金、培训费及其他相关费用等案件，给付数额不当的，人民法院可以予以变更。

第五十四条 本解释自 2021 年 1 月 1 日起施行。